學海湧泉

系統視野、天上人間

學海湧泉

系統視野、天上人間

陳天機

OXFORD
UNIVERSITY PRESS

Oxford University Press is a department of the University of Oxford.
It furthers the University's objective of excellence in research, scholarship,
and education by publishing worldwide. Oxford is a registered trade mark of
Oxford University Press in the UK and in certain other countries

Published in Hong Kong by
Oxford University Press (China) Limited
39th Floor, One Kowloon, 1 Wang Yuen Street, Kowloon Bay, Hong Kong

學海湧泉

系統視野、天上人間

陳天機

ISBN 978-0-19-941675-2

Impression: 2

目　錄

III　規律與假設

四　阿拉伯全駝宴：略談套疊系統

五　臭皮匠的智慧：湧現特性與數學

六　覆巢下的完蛋：時間之箭與生物世界

IV　小我與大我

V　從複雜性看世界

獻給吾妻

江獻珠 (1926–2014)

筆者自己的寫作慾也來自多年前
在她鼓勵下執筆的飲食遊戲文章

序

　　1998年，筆者擱置退休生活，從美國回到香港中文大學，在梁秉中、許倬雲兩位教授提倡、示範之下建立一門以系統概念為出發點的通識教育新課：「宇宙、學術與人生。」[1] 光陰飛逝，不知不覺已過了十六寒暑；自己也從講授中學習，取得了許多珍貴的新知識。

　　筆者與許倬雲、關子尹兩位教授合編了《系統視野與宇宙人生》一書，作為課本；該書曾經再版，到現在仍有簡體字版，[2] 但多年來事過境遷，在今天已有重新述作的必要。本書是改寫的結果，企圖以平易的文字、淺顯扼要的數學，在有限的篇幅裏用系統科學的眼光，鳥瞰大自然與人類文化的演變與運作，與兩本近作：《大自然與文化：環境、創造和共同演化的故事》和《天羅地網：科學與人文的探索》互相呼應。[3]

　　系統科學可說是無遠弗屆，無孔不入。其中影響筆者最深的一個概念，是「湧現特性」：系統擁有、而構成系統的

1　梁教授是中文大學醫學院骨科榮休教授，當時兼任中文大學通識教育委員會主席。許教授是美國匹茲堡大學榮休教授，臺灣中央研究院院士，當時是中文大學歷史系客座教授兼系主任。「宇宙、學術與人生」現在的編號是UGED 2018，對象是所有大學同學，是一個學期、3個學分、不分院、系、級別的課。

2　陳天機、許倬雲、關子尹 (合編)：《系統視野與宇宙人生》(增訂版) (香港：商務印書館，2002)。簡體字版：(增訂版)(廣西師範大學出版社，2004)。

3　陳天機：《大自然與文化：環境與創造的故事》(香港：中文大學出版社，2002)。

成員所無的特性。[4] 它是這些成員互相作用的結果，也是「化約論」的難題，「統攝論」的根基。本書以湧現為出發點，因此也以「學海湧泉」命名。

「學海」固然有別於實質的海，相信讀者也未必強求「湧泉」當真是海底冒出來的湧泉罷？但世間竟然有好幾處標榜海底湧泉的旅遊名勝。例如在歐洲南部克羅地亞海岸的弗如雅便以清涼的海底淡水湧泉見稱。[5] 希臘聖托里尼島的湧泉卻是從海底地縫噴出的暖水。[6] 這小島古時叫做錫拉；[7] 3千6百年前，錫拉遭遇到全球自有歷史記載以來最劇烈的火山爆發，[8] 輝煌的米諾斯文明自此開始衰退。[9] 很可能這小島正是二千多年前、希臘哲學家柏拉圖筆下所寫、傳說中一畫夜內被大海淹沒的古文明大洲阿特蘭提斯的藍本呢。[10]

在不見天日的海洋深處、地殼裂痕綿延交錯，上面有好幾百道、科學家暱稱為「煙囪」的湧泉，不歇噴出灼熱、富含礦物質的水。[11] 以億兆計的細菌圍繞着每道湧泉，組成厚毯，藉消化熱水中的化合物為生，也養活鄰近的小蝦蟹和貝殼類生物。更有許多兩公尺長的巨管蟲，[12] 扎根海底，擠在

4　Emergent property. 本書也用「湧現」(emergence) 這個名詞代表湧現特性的顯露。

5　克羅地亞 (Croatia)，弗如雅 (Vruja)。

6　Santorini.

7　Thera.

8　根據放射性碳定年法測試，這火山在紀元前1627–前1600年爆發，可靠性為95%。

9　Minoan Civilisation.

10　Atlantis. 柏拉圖 (約前428–約前348) 筆下的阿特蘭提斯大洲在紀元前9600年一天之內陸沉。

11　煙囪(Chimney 或Smoker) 的 學名是熱水噴出孔 (hydrothermal vent)。「黑煙囪」含大量硫化合物，水溫可能高至464℃。見http://www.newscientist.com/embedded/hydrothermal-vent-map

12　Giant tube worm.

一起，與這些細菌共生。首位發現煙囪的海洋學家科爾立斯認為這些煙囪很可能是地球生物的發源地。[13] 這樣看來，不但深洋湧泉是地殼的湧現特性，地球上現在所有的生物，可能也都是從太古時期的深洋湧泉開始、多層湧現下演化的結果了。

這是一本內容和敍述方式都不循過往課本常套的書，可以當作「開卷有益」的趣味科普讀物，滿足中學程度有志讀者的好奇心。全書分成5篇13章，每章大致上都自成整體，採用一兩則小故事作為楔子，引出重要的主題概念：宇宙的形成、生物的演化；系統的結構、功能、和互動的法則；「湧現」的「非線性數學」詮釋；因果與自由意志；彼、己之分和「大我」概念擴充下的合作互惠。我們更粗略地介紹複雜性理論裏分形的詭奇、混沌的啟示、自發性自我組織的湧現與套疊、大自然的演變、和群體社會的形成和運作。全書有相當詳細的腳註，供應交互參照，更讓富好奇心的讀者可以作進一步的參考。

一個特色是：本書大致上只動用中、小學的基礎數學。筆者並不強調被動的死記和機械式的代換，但希望將基礎數學作為思考的利器，讓讀者高瞻遠矚，作廣角度的鳥瞰、清晰的辨認和靈活的運用。例如希臘哲學家亞里士多德提出的謎樣名言：[14]「整體大於各部分之和」，看來似乎有違嚴謹的數學邏輯，其實可以完全合理地解釋做：

整體產生的效果大於所有部分成本之和。

13　柯爾立斯 (Jack Corliss)，美國海洋地質學家；見Wikipedia, "Jack Corliss" 條，2014年5月7日，10:45。

14　Aristotle (前384 – 前322)。

　　第五章指出：這句話相當於在二維空間裏界定一條滿足三項獨立條件的曲線；但我們直覺上所經常倚賴的直線只能滿足兩項，因此必然失效！反過來說，最起碼的非線性數學，採取簡單的二次曲線，已足以揭開這句名言的神秘面紗。原來「湧現」的數學，正是非線性的數學。亞里士多德的名言更可以擴充到其他數量的改變模式，和這位哲學家根本沒有提出的、物質品性的更改：「質變」。「臨界效應」就是從數量的增減引起「質變」的現象，例如多人合力的「扛鼎」工作，和原子彈的爆炸。這些現象的出現也可以用非線性、不平滑的「階躍函數」來表示。[15] 數學畢竟是「量」的科學；它不能簡潔地討論牽涉到多個變因、可能經歷多個步驟、產生多面效果的質變。但許多物理現象、一切化學反應、所有生物的存、亡、繁衍，都牽涉到質變；若要囊括這些「變」的現象，亞里士多德的名言便需要修改為

　　整體有異於部分之和。

　　與兩位複雜性科學家：米哲爾和摩若維茨，看齊了。[16]

　　本書末四章簡略地觀察世界的「複雜性」。第十章討論一些包容廣闊的簡單非線性數學，也為跟着的混沌理論作入門的準備。[17] 內容包括

15　Step function.
16　Melanie Mitchell, Harold J. Morowitz。見第五章第5節。
17　Chaos theory.

指數定律：[18]	與操作的效果成比例的，未必是單純的成本，而往往是成本的某個乘方。
飽和現象：[19]	無盡的投資或只能取得有限的成果。生命歷程：生物的「生、老、病、死」歷程；也反映商品銷路的消長、朝代「天命」的興衰。
迭代運算：[20]	小學算術的活用，已足以帶領我們踏進混沌理論的神秘廳堂。[21]

近年發展出來的混沌理論，討論分形和混沌動力學，為複雜性理論注了強心針，影響既深且遠；本書第十一，十二兩章只能作一個開端。本書末章討論「自發性自我組織」的出現和發揚，也同時為全書作一個簡略的回溯和總結。

本書也盡量與讀者共享筆者自己探討系統科學的不少心得。例如因果律與自由意志的存在，雖云都無法證明，卻已成為人類文明的基石；筆者認為，「高等動物」的重要湧現特性：「志向行為」，已是自由意志的活生表現了。[22] 過去演化論的講授，往往強調生物物種間的血腥爭鬥，而低估了互惠合作的一面。但今天我們肉眼所看得到的花花生物世界，大致上都是「真核細胞」群體的湧現特性；[23] 而真核細胞本身正是二十三億年前開始、幾種簡單原核細胞在緊密合作下湧現出來的「體內共生」系統！[24] 筆者因此認為我們在發揮自

18　Power law.

19　Saturation phenomena.

20　Iteration.

21　見本書第十一、十二章。

22　志向行為 (Purposive behaviour，通常譯作「有目的的行為」)。見本書第七章第4節。

23　真核細胞 (Eukaryotic cells)。

24　這主要是美國馬古力斯教授的貢獻；見第三章楔子。

己的自由意志時，也應該考慮與外界互惠合作的可能性。

　　現在的知識青年對許多事物都已經有直覺上的分別認識；本書從系統的眼光，指出它們相互的關聯：一個特例的詮釋，可能啟發對整個領域的了解。但我們並不標榜全面的包涵或絕對的嚴謹；敘述時也不拘泥於整齊的分類和劃一的編排。今天的社會愈趨複雜；我們需要爭取統籌大局、眼觀四方、洞察因果、權衡輕重的智慧、好作擇善而從的決策。筆者認為因此每人都應該建立一張龐大、但必然疏漏的「認知網」，[25] 代表個人所擁有的一切認知，包括：社會、環境供應的常識、通過常規教育渠道取得的學問、自己發掘出來的資訊和過去解題的經驗。當面對新問題時，我們在認知網上總會找到幾個有關的據點作為基礎，編織一面解決問題的「應變網」；這應變網也自然成為新認知網的一部分。[26] 認知網愈廣闊，應變網愈易編織；新認知網因而變得更豐富、更縝密、更強韌、更能應付眼前和將來的需要。它的威力是整體的湧現特性，任何一組局部網絡都無法比擬。希望本書能引起共鳴，協助讀者主動編織有意義、有價值的認知網，作自己將來探討學問、面世處事的指南。

　　「宇宙、學術與人生」是一科不限學生背景的大學通識課。十多年來這課程幸蒙梁秉中教授、許倬雲教授和關子尹教授的肇端；楊綱凱教授、陳方正教授、李金漢教授、梁美儀教授和曹景鈞教授多年不懈的參與。參加講授的客座教授更包括張燦輝教授、梁元生教授、姚大衛教授、李南雄教授、黃榮春教授、談兆麟教授、和已故的陳特教授、黃維持

25　Cognitive net.

26　請參見陳天機：《天羅地網：科學與人文的探索》，第二章：〈雜家的天網〉，第24–45頁。

教授。筆者從他們的講授得到許多思考、表達和寫作的寶貴靈感和技巧，在此謹致衷心的謝忱。本課程歷年的十一位助教是教師與同學間重要的溝通橋樑；[27] 選課的每一位同學自動挑選一個與課程有關的題目，在助教的誘導下自己找尋、整理資料，在小組導修課裏用公開短講的形式，提出個人的思路，作有主見、層次分明的探討，與全組同學直接交流。筆者感謝各位助教和各位同學對本書直接、間接的貢獻。

　　本書第二章取材自王永雄博士、彭金滿博士與筆者合寫的新書：《天問：宇宙真貌的探索》。[28] 互聯網上的《維基百科》中、英文版無償供應了珍貴的參考資料。[29] 本書到處附有相當詳盡的腳註，也供應外來術語 (通常是英語) 的原文，協助讀者作進一步的參考、探討；書後也附有齊整的雙語詞彙索引。

　　陳志宏博士、彭金滿博士、王永雄博士閱讀了本書的不同初稿，貢獻了珍貴的意見；韓小山君為本書作了兩幅發人深思的插圖，謹此致謝。

陳天機

2014年10月9日於美國加州山河西市

27　歷年的助教包括楊國榮、鄧小虎、何耀航、王劍帆、吳曉真、梁意翩、蕭裕鈞、吳紹熙、司徒偉文、朱心曲和葉文謙。

28　王永雄、彭金滿、陳天機：《天問：宇宙真貌的探索》(香港：Oxford University Press, 2013)。

29　英文版，Wikipedia：http://en.wikipedia.org；中文版，《維基百科》：http://zh.wikipedia.org。

I

開場白

愛神的湧現
系統與湧現特性

1. 楔子：愛神的湧現

1.1. 意外的缺陷美

愛神可能是西方文化中最早的女神；關於她的傳說至少可以追溯到六千年前、在西亞兩河流域主管愛情、生育與戰爭的伊南娜。[1] 她後來也是古希臘的女神阿芙羅黛蒂，和古羅馬的女神維納斯。[2] 一個重要的證據是環繞太陽、晨昏出現的金星；這顆明亮的行星在古兩河流域代表伊南娜，在古希臘代表阿芙羅黛蒂，在古羅馬代表維納斯。[3]

法國巴黎的羅浮宮是舉世知名的藝術展覽館；[4] 訪客非看不可的珍藏包括二千多年前雕塑的阿芙羅黛蒂像。[5] 1820年，這藝術品在希臘米羅斯島出土；[6] 發現後兩臂離奇失蹤，但殘缺的雕像體態自然，成為世人心目中「缺陷美」的代表作。

---

[1] Inanna，意思是「天后」，亦稱Ishtar 或Astarte 。在6千年前的兩河流域城邦烏魯克 (Uruk) 已有崇拜伊南娜的習俗。

[2] 阿芙羅黛蒂 (Aphrodite)，維納斯 (Venus)。

[3] 古中國稱早晨出現的金星做「啟明」，黃昏出現的金星做「長庚」，到了宋朝才知道它們是同一顆行星。

[4] The Louvre.

[5] 俗稱「米羅的維納斯」(法文：*Venus de Milo*)。是Alexandros of Antioch 在紀元前130–100的大理石雕塑。

[6] Milos. 當時希臘是鄂圖曼土耳其帝國的屬地。

有藝評家竟然斷言這雕像從來都是沒有兩臂的。[7]

1.2. 從大海湧現的女神

阿芙羅黛蒂這希臘名字的意思是「泡沫冒出的」。這女神從來沒有經歷過嬰兒期；從大海的泡沫湧現出來時她已經是成人了。[8]

古羅馬的維納斯承繼了古希臘關於阿芙羅黛蒂的神話。15世紀名畫「維納斯的誕生」現存意大利佛羅倫斯。[9] 維納斯從大海湧現後，站在飄浮的蚌殼上，眾風神吹她到岸邊，季節女神給她一件遮身的大氅。雖然丟了兩臂的羅浮宮阿芙羅黛蒂雕像擁有缺陷美，名畫中的維納斯卻顯示出完整的兩臂是有代表嬌羞的價值的。當然羅馬神話裏的維納斯、希臘神話裏的阿芙羅黛蒂、甚至古兩河流域的伊南娜都以放蕩不羈見稱，並非「嬌羞」兩字所能形容。

1.3. 神話中的湧現特性

本章的主題是「湧現特性」：[10] 這是系統擁有、而系統的成員 (單元或次系統) 所無的特性。[11] 我們往往將「湧現特性」與「湧現」混用，但大致來說，「湧現」(emergence) 作為名詞，代表湧現特性 (或擁有湧現特性的系統) 的顯露。

---

7 據說當時有人暗中兜售「維納斯失去的真臂」，竟然賣出了三隻。

8 根據傳說，這泡沫是從大神烏拉諾斯 (Uranus，繞日的「天王星」即以他命名) 割下的生殖器官在大海變成的。

9 這是意大利畫家波提切利 (Sandro Botticelli, 1445–1510) 的名作。

10 Emergent property，見第3節。「湧現特性」是歷史學家許倬雲的傳神翻譯。

11 我們所說的系統 (system) 可以是任何引起我們興趣的實質或抽象事物。次系統 (Subsystem)，單元 (element)。

圖1. 波提切利：維納斯的誕生 (1486)。

　　從大海中冒現出來的阿芙羅黛蒂可以說是希臘神話裏大海泡沫的湧現特性：她面世後，神話世界便多了一番熱鬧。當然神話不是實質，但往往借用實質現象，包括湧現，來豐富作者的敍述，增加故事的可信性。神話本身也是從古社會文化冒出來的湧現特性，人類豐富的想像力的結晶；它本身雖然偶有互相矛盾的地方，仍不失為一個大致完整的系統。

2. 系統的概念

　　本章介紹「系統」、「湧現」的概念，也為全書作簡單的指引。

2.1. 統一的眼光

　　學問百花爭妍，浩如煙海，進度一日千里。我們的腦子

可以跟得上嗎？每一門學問處理不同的領域，往往使用獨特的名詞、語言；它們可以用統一的眼光來討論嗎？不同學術間的界限，尤其是人文科學與自然科學間的鴻溝，可以跨越嗎？我們可以促進不同學問的互相交流、共同滋長嗎？

要處理一大堆看來毫不相干的東西，最好的辦法就是：找出共通或相類之處，用統一的語言合併討論，以收「一舉多得」之效。我們甚至也可以比較幾套學問間當真歧異的地方，因而加深對它們的認識。

2.2. 系統科學 [12]

系統可以定義為：多個相互影響或互相依賴的事物所形成的整體。它本身已經可以說是這些事物的湧現了。[13]

任何有性質、能認辨出來的事物，都可以叫做單元。系統便是互相關連的一組單元。單元因此可以叫做「次系統」。互相關連的一組系統在系統學的眼光下，也是一個系統，可以叫做「超系統」，[14] 在這裏的單個系統本身因此也可以說是這個超系統的單元。

我們往往只討論我們自己認為有趣的系統。一般「次系統的組合」，未必值得太費脣舌。例如地上的三塊頑石，雖然具有相互的作用：萬有引力的吸引，可以稱為一個系統，但它太過死硬無趣，沒有輕易看得出的湧現，通常不在我們討論之列。

我們往往只處理由有限數目的單元所組成的「有限系

---

12 Systems science.

13 "A set of interacting or interdependent entities forming an integrated whole." 見 Wikipedia, "System" 條，2014年9月25日，02:30。

14 Supersystem.

統」。[15] 世間有許多不能逐一點算的連續體，[16] 例如海水、空氣；它們 (至少在想像中) 可以當作多個單元 (例如許多個立方厘米) 的有限組合。

我們著重擁有多個單元的群體系統，避免討論由0個單元組成的虛無系統，也少談及只牽涉到1個單元的「獨腳戲」。我們的系統定義因此不算嚴謹。這其實不是大問題：過於嚴謹的定義太費唇舌，而且可能會排除我們偶或需要的特別組合。

系統本身的研究：「系統科學」，是一門跨學問的探討；它採用統一的眼光和語言，研究不同領域、不同層次，可能佔有不同時間、空間的事物的共通性質、彼此間的溝通和互動。我們企圖找出可以打開學術寶庫、促進互相溝通的鑰匙。這鑰匙也可以比喻為一縷穿透多門學問的絲線，好讓我們用同一方式，探討它們的奧秘，正如孔子所說：「一以貫之」。[17]

系統科學本身因此也自成一門學問。它幫助我們融會貫通多種學問，充實自己，增加我們面對新事物和新挑戰的信心。

2.3 化約論與統攝論 [18]

近三百年科學家追溯自然現象的「因」，大致採取「化

15　Finite systems.

16　Continuum.

17　「一以貫之」在《論語》出現了兩次。《論語、衛靈公》子曰：「賜也 (子貢名)，女以予為多學而識之者與？」對曰：「然，非與？」子曰：「非也，予一以貫之。」《論語・里仁》 子曰：「參乎！吾道一以貫之。」曾子曰：「唯。」子出。門人問曰：「何謂也？」曾子曰：「夫子之道，忠恕而已矣。」孔子的「一以貫之」的「道」，是以仁義為依歸的「忠、恕」；我們所提倡的「一以貫之」卻是系統理論的求知方式。

18　化約論 (Reductionism)；統攝論 (holism)。見 Wikipedia, "Holism" 條，2014年6月18日，09:23。

約論」的觀點。化約論認為一個複雜系統可以用它本身的部分（「次系統」）的性質來解釋：「欲知整體，研究局部」，逐個擊破，再進而用同樣的態度檢察每塊「碎片」。例如在物理學裏，科學家從物質裏找出分子，從分子裏找出原子，從原子裏找出電子、質子和中子；無可諱言，多年來化約論取得了輝煌的成就。

可惜的是，過去化約論的追蹤把學問推向不同的牛角尖，同時把研討學問者推向防礙溝通的分化。更重要的缺陷是：次系統的單純存在仍未必能夠決定、或完滿解釋、整個系統的所有性質；例如要研究一隻動物的生命歷程，不能光靠屍體解剖。

我們無需推翻化約論，但應知道它並非萬能；統攝論在自然科學界久受冷待，現在該取得它應有的重要地位了。

統攝論 一詞來自20世紀初期、南非聯邦的多能政治家史末資將軍；[19] 他在1926年出版的書：《統攝論與演化》裏說：統攝論是

大自然採用創造性演化的趨向，使整體大於其部分之和。[20]

愛恩斯坦認為史末資將軍的看法與自己的相對論這兩個思考意念會並駕齊驅，領導此後一千年人類的思維。[21]

---

19 史末資將軍 (General Jan Christiaan Smuts, 1870–1950)，南非在20世紀最顯赫的政治、軍事領袖，國際聯盟的發起人，聯合國憲章前言的作者，也是不容忽視的思想家。見 Wikipedia, "Jan Smuts" 條，2014年9月29日，20:26。

20 "The tendency in nature to form wholes that are greater than the sum of the parts through creative evolution." 名言「整體大於其部分之和」可以追溯到二千多年前、古希臘的亞里士多德；見第3節。

21 愛恩斯坦 (Albert Einstein, 1879–1955)，德國出生的名物理學家，相對

　　系統科學為統攝論供應了統一的框架。近年新興的「複雜性理論」更指出學術界過去忽視、但其實普遍存在、而且經常冒現的重要現象，促使世人採取統攝的眼光，加深、重估對大自然的認識、對學術的了解、對社會、人生、文化的體會，從而發展出思考、應用和創造的新蹊徑。[22]

2.4. 系統科學的淵源

　　系統概念有一段悠長的「史前史」。一個顯著的例是：人類「仰觀宇宙之大，俯察品類之盛」，[23] 因而企圖將大自然現象分類，歸納出各類的特性和互動的模式。

　　3千7百年前，古巴比倫人相信世上物質是由「海、土、火、天、風」五種「元素」構成。這看法與中國五行學說的「木、火、土、金、水」，[24] 古印度的「土、水、火、空氣、真空」，[25] 古希臘的「土、水、空氣、火」非常相似，但相信都是古人分別歸納出來的系統。

　　今天的中醫學仍然採用五行的觀點，作為斷症、下藥、療病、強身的指南。但從許多角度來看，科學早已超越了上

論的始創人，以「光電效應」獲頒1921年諾貝爾物理學獎。

22 見本書第十一章 (分形)、第十二章 (蝴蝶效應)、第十三章 (自發性自我組織)。

23 東晉·王羲之 (303–361)：《蘭亭集序》，作於353年。

24 中國的五行學說更企圖將所有自然、人為現象都分成5類，與「木、火、土、金、水」一一對應。例如「肝、心、脾、肺、腎」，「青、赤、黃、白、黑」，與「酸、苦、甘、辛、鹹」。而且「木生火、火生土、土生金、金生水、水生木」；「木剋土、土剋水、水剋火、火剋金、金剋木。」三千多年前《書經·洪範》早已提出這五種元素。學者通常認為五行相生相剋的概念來自戰國末年、齊國的鄒衍 (約前305–約前240)，經過《呂氏春秋》傳到後世。請參看維基百科「五行」條，22014年7月5日，01:20。

25 沒有實質的真空相當於古印度發明的數字"0"。中國老子道德經的「無」，在「有生於無」(第四十章) 與古印度的概念不期而合。

述的簡單的分類。例如我們今天認識的化學元素已有一百多種，它們構成的已知化合物已不止8千萬種了。[26] 但門捷列夫在1869年將已知元素按化學性質歸類，發明了元素週期表，他所指出的週期，後來更為後來的量子力學開了康莊大道。[27]

「系統思維」企圖用統一的眼光、謹嚴的邏輯、科學的方法、處理所有事物。它也有一段相當悠長的歷史。[28] 早在1928年，視野廣闊、目光透徹的生物學教授貝塔郎非企圖將世間學問統一，創立了「一般系統論」；在1954年，他和三位學者更創辦了「一般系統研究學會」。[29] 他說過 (1964)：

> 歸根結底，決定一切的必然是個價值、意念、意識形態、(無論你用甚麼字眼) 的系統。[30]

我們將在本書從系統概念開始，勘察、討論大自然、生物界和人類社會重要現象的出現和演變。

26　見Wikipedia, "Chemical element" 條，2014年9月29日，21:08。已知元素已有118種。

27　見Wikipedia, "Periodic table" 條，2014年9月24日，09:47。門捷列夫：Dmitri Mendeleev (1834–1907)，俄國化學家。

28　見Wikipedia, "Systems thinking" 條，2014年9月10日，22:27；Fritjof Capra, *The Web of Life* (New York: Anchor Books, Doubleday 1996) , Part Two/The rise of systems thinking (Ch. 2–4, pp.15–71.)

29　貝塔郎非 (Karl Ludwig von Bertalanffy 1901–1972)，奧地利出生的生物學家。他在1949年移民加拿大，1972年去世。見Wikipedia, "Ludwig von Bertalanffy"條，2014年9月16日，06:59。「一般系統論」(General Systems Theory)。「一般系統研究學會」(Society for General Systems Research) 在1988易名為「國際系統科學學會」(International Society for the Systems Sciences, ISSS)。見http://www.isss.org/lumLVB.htm

30　"In the last resort, however, it is always a system of values, of ideas, of ideologies–choose whatever word you like–that is decisive."

2.5. 系統的圖象表示[31]

　　一個系統「包容」它屬下的次系統。[32] 圖2裏圖象式的表示直接描出「包容」的概念：系統和次系統都可以用不同部位、不同大小的「圓」（或任何封閉曲線」）來表示；每個系統圓都「包容」它屬下的、可能好幾個次系統圓。

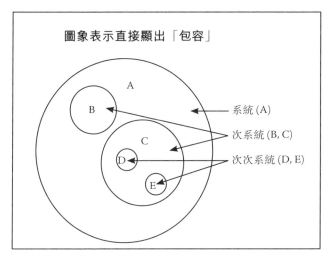

圖2. 直接顯出「包容」概念的系統圖象表示。

　　其實可以用這種圖象來表達的關係並不限於包容，而且此外還有其他系統表示方式；我們將在第四章討論。

2.6. 系統與實質

　　實質系統是自然科學討論的對象，[33] 通常是擁有質量、

31　數學名詞是歐拉圖 (Euler diagram)。歐拉 (Leonard Euler, 1707–1783) 是瑞士的名數學家。

32　包容 (Contain)。

33　實質系統 (Concrete system)。

能量；佔有空間、時間；而且未必沒有生命的物體。例子包括電子、原子、分子、椅子、房子、車子、帽子、鞋子、襪子、褲子、鬍子、鼻子、孩子、種子、蚊子；大廈、大地、大海、大氣層、大自然。

抽象系統是非實質的系統；[34] 它不佔有時間、空間、本身沒有質量、能量。例子包括希臘神話、西遊記、仰韶文化、唐詩三百首、貝多芬的第九交響樂、聯合國憲章、空中樓閣。

混雜系統兼有實質和非實質的本性。[35]例如市政府、合唱團、都由人組成(實質)，但罕能脫離成文或不成文的非實質契約、章程和組織。

訊息系統處理訊息。但訊息既不是物質，也不是能量；它是倚靠物質、能量來表現、貯藏、提取、傳送的抽象概念。嚴格來說，訊息系統是一個抽象系統，但訊息系統的討論往往牽涉到訊息所依附的實質系統，例如紙張、郵差、電視機、電算機、手提電話機、電線網路、光學纖維、廣播電台，因此它也是一個混雜系統。

我們可以依據不同的單元分類方式描述同一系統。例如構成「學生宿舍」系統的眾單元可以包括大門、地基、牆壁、電線和供應自來水的水龍頭。「學生宿舍」的眾單元也可以是客廳、睡房和浴室。同一單元可以同時隸屬於多個不同的系統；例如學校(系統)的學生(單元)陳大文也是他自己家庭(另一個系統)的成員(單元)。

34　抽象系統 (Abstract system)。
35　混雜系統 (Hybrid system)。

3. 湧現特性

3.1. 定義與層次

　　湧現特性是系統本身擁有，而系統所包容的次系統所無的群體特性。這些群體特性來自次系統間的互相作用。例如「集腋成裘」，系統 (狐裘) 具有美觀大方，和蔽體禦寒的湧現特性，而構成狐裘的次系統 (狐腋、棉線、鈕扣) 卻不然。次系統的互相作用包括搜集、剪裁和縫紉。湧現是統攝眼光下冒出的實質系統現象；化約，尤其是趨微的工作強調個別次系統的性質，往往便忽略了、或低估了、次系統間的相互作用。多個系統同樣也可以相互作用，形成「超系統」，產生高一層的湧現特性：低層系統的湧現特性也可以介入高層系統的湧現。

　　單元互相作用，組成系統；系統的存在，往往轉過來影響它的單元；這是「反饋」現象的一種表現。[36] 從許多角度來看，系統固然是眾單元互動下的湧現，形成系統的單元因此與前有所不同；改變了的單元也可以說是系統的湧現特性。例如一班人組成國家；國家的憲法也使它的成員變成國民。

　　湧現通常有實質，但也可以是非實質的 (例如上述的憲法)。它來自次系統的互相作用；這些次系統通常是實質的，但也未必一定如此：例如 (實質的) 國民可以受 (非實質的) 憲法號召 (互相作用)，成為社會公僕 (實質的湧現)。

　　神話 (例如本章關於愛神的傳說) 有部分實質根據，但只是非實質的湧現：我們古祖先想像力的結晶。

36　見第三章第4節。

3.2. 先知的名言

　　古希臘哲學家亞里士多德可以說是系統科學的先知，他的名言：[37]

　　　　整體大於其各部分之和。

看似不合邏輯，其實可以解釋做：

　　　　整體所產生的效果大於其各部分的成本之和。

　　間接道出我們現在稱為「湧現」的重要特性。我們在第2.3節已講過：南非政治家史末資將軍鑄造新名詞：「統攝論」時，已經採用了這名言作為他的理據。[38] 美國計算機科學家霍蘭德說：

　　　　在湧現方面，整體果真大於部分之和。[39]

更直接將名言與「湧現」拉上關係了。系統科學家更往往大張旗鼓，將名言的可能特例

　　　　$1 + 1 = 3$

37　Aristotle（前384–前322），古希臘哲學家。他說："… the whole is something besides the parts（全體不止是它的部分）"（Metaphysics, Book H 1045a 8–10.)

38　在1992年，羅馬教皇（若望保祿二世）也發問：「我們怎樣將世界的解釋，協調『整體大於部分之和』的真理？」（"How are we to reconcile the explanation of the world…with the recognition that the whole is more than the sum of its parts?"）見Harold J. Morowitz, *The Emergence of Everything* (New York: Oxford University Press 2002), p.23.

39　"For emergence, the whole is indeed greater than the sum of its parts." 見 Harold J. Morowitz, *The Emergence of Everything*, p.23. 霍蘭德（John Holland, 1929生）是美國計算機科學家。

作為宣傳的口號。我們稍後會將亞里士多德的名言背後的數學作進一步的討論和發展。[40]

4. 系統間的異同

系統的趣味，主要來自它的湧現特性。常見的湧現特性，例如「質量」、「顏色」、「溫度」、「中心」、「邊緣」幾乎是每一個實質系統必具的；但各系統可能在這方面有不同的表現。通過這些特性，我們可以看到各系統異同之處；這是「觸類旁通」的實踐、對不同學問取得一貫了解的歸納技術。

當真缺乏這些湧現特性的系統，可能是「有趣的例外」，也許已經足以加深我們對它們的認識了。例如非實質的武俠小說便沒有當真的「溫度」可言，但特別值得我們注意的是：實質的單個分子居然也沒有溫度！原來溫度是一大群動態分子所顯出的湧現特性。

4.1. 現象、名詞、定律與學問

實質系統在湧現下產生的特性往往不止一項，包括

實質的特性： i. 次系統互動下產生的系統本身 (這可以說是狹義的「湧現」)；

ii. 這系統所擁有的實質特性，它們往往可以進行更進一步的湧現。

未必實質的特性： i. 這系統所擁有，次系統所無的性質 (這也可以說是狹義的「湧現特性」)；

---

40 見第五章第3, 4節。

ii. 這些性質所遵守的法則；和我們賦予
這系統的名字。

湧現特性往往依循自己的法則；這些法則也是一種湧現
特性。學者觀察現象，寫出描述法則的簡潔定律，而且嘗試
將定律施用於相類的現象。系統科學更將其他學問的法則加
以劃一的處理。

嚴格來說，這些法則、定律通過觀察者的命名、描述、證
實、推廣等行動而面世，已經不是初步的湧現特性；它是初步
的湧現與觀察者互動的產物，已是進一步的湧現特性了。

4.2. 由多個「因」組合而成的「果」

系統的湧現特性來自次系統間的相互作用，可以說是因果關
係的一種特例：所牽涉到的一批次系統是湧現特性的「因」；這
些「因」的湧現特性是它們在互動下產生的「果」。[41]

湧現特性的「因」可能是多個雷同的次系統的有序排
列；例如高硬度的金剛鑽來自多個碳原子的有序排列，「金
剛鑽」和「高硬度」都是「碳原子組合」的湧現特性。鉛筆
裏低硬度的石墨來自碳原子的另一種有序排列；「低硬度」
和「石墨」也都是「碳原子組合」的湧現。在這些特別組合
裏的碳原子，已與游離的碳原子有所不同，已是組合的湧現
特性；從此可見：「互為因果」是常見的現象。

這些「因」也可以是不盡相同的一些次系統；剛才講過
的「集腋成裘」所需的毛皮、棉線便是很好的例子；它們在
毛裘裏有一定的部位，發揮一定的功能。「鉛筆」也是「石
墨」和「木」組合而成的湧現。我們常見的鐵往往含有碳

41 我們將在第七章討論因果律的含義，和對我們的影響。

成份；成份最低的是鍛鐵，成份最高的是鑄鐵，成份中等
(0.2–2.1%) 的是鋼鐵；這三種鐵都是鐵原子和碳原子的互相作
用所引起的湧現。鐵、碳兩種原子互相作用，也改變了游離
原子的本來面目。

5. 實質世界裏的一些湧現特性[42]

5.1. 從宏觀到微觀

　　我們活在宏觀的實質世界，看到種種現象，歸納出一套
大致相容的宏觀定律。近一百多年，我們積累了如山的鐵
證，知道我們日常所依賴的宏觀現象其實是「微觀世界」的
原子、分子在互動下的湧現。

5.2. 分子、原子和其他粒子

　　20世紀初期，英國物理學家拉塞福發現：原子是由中央
的原子核和繞核的眾電子組成的，[43] 所以原子其實是原子核
和電子組合下的湧現。現在我們更知道，每顆原子核也是質
子與中子組合的湧現。而每顆質子或中子都是由3顆夸克組合
而成，因此也都是夸克組合的湧現。[44]

　　(可見) 物質終究是由基本粒子組成的；這結論是物理學
在連串趨微研究下綜合的偉大勝利。我們倒轉來看，可見物
質也是基本粒子的多層套疊湧現。可惜我們對不可見的「暗
物質」仍未有足夠的認識。[45]

42　第4–6節的讀者可參看Harold J. Morowitz, *The Emergence of Everything*。見
　　本章附錄A。

43　拉塞福 (Ernest Rutherford, 1837–1931)，曾獲1908年諾貝爾化學獎。

44　質子 (Proton)，中子 (neutron)，夸克 (quark)。夸克 (quark) 共有6種，是
　　製造質子、中子的原料。

45　暗物質 (Dark matter) 是擁有質量，但與電磁力不生作用的神秘物質，

學者探討電子繞原子核運行的「軌道」，提出了量子力學，[46] 為微觀世界研究開闢了新天地，也解釋了化學元素週期表的細節排列。週期表簡明地顯示所有化學元素遵守的法則；它本身也是所有化學元素的湧現特性。

元素的原子互相組合，成為分子，作為湧現特性；不同的原子總共有一百多種，而已知的不同分子卻有許多千萬種。每一個化學反應，將一批分子變成另一批分子，都是分子合作下的湧現。生命來自化合物的組合；構成生命的兩種化合物主角是DNA和RNA。[47]

我們現在可以用短短幾句來囊括自然科學：[48] (可見) 物質是基本粒子的湧現；物理現象主要是 (可見) 物質與能量互動下的湧現，化學反應是物理現象的湧現，它也可能引起新的化學反應，作為初步化學反應的湧現。生命是多重化學反應有規則地組合下的重疊湧現；生命的一個常見的特色是，它也能常規地產生下一個世代的生命。[49]

5.3. 粒子與統攝論[50]

根據「量子場理論」，「力場」產生基本粒子；[51] 這些

據推測它在宇宙中的總質量是可見物質的5.5倍。

46 Quantum mechanics.

47 DNA (Desoxyribonucleic acid，脫氧核糖核酸) , RNA (ribonucleic acid，核糖核酸) 都是生物遺傳基因的載體。見第三章第2.2節。

48 下面的敍述來自Wikipedia, "Emergence" 條，2014年9月25 日，11:39。Chemistry can …be viewed as an emergent property of the laws of physics. Biology (including biological evolution) can be viewed as an emergent property of the laws of chemistry.

49 許多人也説，化學是物理學的湧現，生物學是化學的湧現。這話略欠精確：例如物理學並不是物理現象，而是物理現象法則的討論。

50 筆者感謝中文大學王永雄博士關於這問題的討論。

51 量子場理論 (Quantum field theory)，力場 (force field)。

基本粒子是「力場」在時間、空間裏的湧現。而且我們討論
任何單個基本粒子時，往往也必須連帶討論整個宇宙擁有
的、所有與它有共同性質的兄弟姐妹！換句話説，物理學趨
微的極端，出人意表地、也自然地帶來統攝的極端。

　　例如成群的 (電子，正子 (帶有正電荷的「反電子」)) 組
合所形成的「虛粒子對」隨時在真空神出鬼沒，[52] 影響我們
所觀察到的、電子的性質。物理學家愛説：成群的「虛粒子
對」蜂擁着電子，形成特別的「衣服」；而我們所觀察到
的，不是甫從泡沫冒現、嬌羞可人的愛神維納斯，而是已經
披上了遮身大氅的電子。

5.4. 時間與湧現

　　上節討論了物質系統在空間的湧現；時間更大大豐富了
湧現的內涵。時間的先後，劃分了在系統裏湧現的「因」與
「果」；後者更可以作為新的出發點，觸發下一步的湧現；
這些套疊的湧現，往往牽涉到不同的系統。

　　特別耐人尋味的是剛才已簡略講過的「反饋」現象：[53]
Ａ系統影響Ｂ系統，製造湧現，湧現後的Ｂ系統反過來影響Ａ
系統，如此類推。反饋可以牽涉到多個系統，形成周而復始
的「反饋迴環」，[54] 反饋現象混淆了湧現的層次：究竟那一
個「先行」、那一個「後繼」？誰先影響誰？其實迴環上的
任意兩個系統結都是「互為因果」的。更有「自反饋」[55] 系
統，可以不假外求，影響自己，可説是「自成因果」。

　　多個系統可以聯結起來，形成一個網絡超系統；網絡上

52　虛粒子對 (Virtual particle pair)。

53　Feedback.

54　Feedback loop.

55　Self-feedback.

可能遍佈交錯的反饋迴環。大自然的複雜系統（例如生物）相信都以這種超系統為骨幹。反饋是我們物質宇宙演變的一個主要原動力。我們將有較詳細的介紹。[56]

6. 宇宙、地球、生物與社會

我們將在第二章討論宇宙的歷史。可觀察的宇宙經歷一連串的湧現，產生了估計約有10^{11}個星系，在每個星系裏，估計湧現出約有10^7–10^{14}顆不同大小的恆星，遵守不盡相同的生命歷程。[57]舊恆星死亡後，死灰可能復燃，湧現出新的恆星。

太陽是一顆平凡的恆星。地球是太陽系裏一顆平凡的行星，但在地球上湧現了生物；這是第三章討論的一個主題。我們不敢武斷地說生物只出現於地球，但科學家至今仍然未曾找出地球外生命的蹤跡。

地球上關於生命的起源有好幾套說法，與本書書名最有關聯的是大洋不見天日的深處、科學家找到的、幾百個噴出熱水、科學家暱稱為「煙囪」的湧泉。[58]以億兆計的細菌藉消化熱水中的化合物為生；它們環繞着湧泉、組成厚毯，養活鄰近的許多小蝦蟹和貝殼類生物。更有許多兩公尺長的巨管蟲，扎根海底，擠在一起，與這些細菌共生。首位發現煙囪的海洋學家科爾立斯認為這些煙囪很可能是地球生物的發源地。[59]

56　見第三章第4節。

57　見Wikipedia "Galaxy" 條，2014年9月29日，19:11。

58　http://www.newscientist.com/embedded/hydrothermal-vent-map 煙囪
　　(Chimney 或Smoker) 的 學名是熱水噴出孔 (hydrothermal vent)。「黑煙
　　囪」含大量硫化合物，水溫可能高至464℃。

59　柯爾立斯 (Jack Corliss)，美國海洋地質學家；巨管蟲 (giant tube worm)。
　　見 Wikipedia, "Jack Corliss" 條，2014年5月7日，10:45。亦見 Wikipedia,
　　Evolutionary history of life" 條，2014年9月30日，14:30，第3.2.2節：

7. 小結：湧現的套疊

　　愛神在古人類的豐富想像中湧現，改變了西亞、歐洲神話的面目。湧現特性也是系統內部產生的、突破性的現象；它看似神奇，其實往往有規律可尋。雖然我們的宇宙也許是可能的例外，但絕大多數的實質系統的湧現都並非「無中生有」，而是眾多次系統在相互影響下的結果。

　　值得注意的是：每一項湧現往往組成新的基礎，好讓高一層的湧現出現。我們可以想像多個簡單的系統結合成為高一層的系統，擁有自己的一套法則；高一層的系統結合成為更高層的系統，擁有更高層的法則，如此類推。不同層的湧現互相作用，產生多方面的重疊湧現。反饋更混淆了「層次」，隱蔽了「先、後」之分，使迴環因果鏈上的眾系統結「互為因果」；這些都是宇宙形成、運行所依循的重要結構法則。

　　多個次系統結合後可能獲得新秩序，包括自發性自我組織作為湧現特性；自發性自我組織的多層次、多方面結合可能因此可以獲得生命，作為湧現特性。太古時代的雛型生物，肯定只有簡單的結構；它們需要經歷一連串的湧現和反饋，從簡到繁，才能夠產生現代的「高等生物」。[60] 許多高等生物、包括人類，更組成群體，分工合作，享受互惠的成果，形成團體、社會、國家和我們的文化。甚至社會，作為更高層的湧現。

"Metabolism first: Iron–sulfur world"。

60　請參見第十三章第4.1節麥遂的理論。

附錄A. 三本參考書

A.1. 三本書

本書最常引用下列三本參考書：[61]

a. Paul Davies（戴維斯），*The Cosmic Blueprint: Order and Complexity at the Edge of Chaos* (London: Penguin Books 1989).

b. Melanie Mitchell（米哲爾），*Complexity, a Guided Tour* (New York: Oxford University Press 2009). 中文譯本：梅拉妮‧米歇爾（著），唐璐（譯）《複雜》（湖南長沙：科學技術出版社，2011）。

c. Harold J. Morowitz（摩若維茨），*The Emergence of Everything: How the World Became Complex*（《一切事物的湧現：世界怎樣變得複雜》）(New York: Oxford University Press 2002).

值得一提的是戴維斯的洞察能力，米哲爾的廣泛選材與平易風格，和下面粗略介紹的，摩若維茨按步就班的囊括敘述。

A.2. 萬物的層次湧現

摩若維茨是生物物理學家兼自然哲學家。[62] 他認為隨着湧現，宇宙的複雜性無可避免地不住增長。他提出了28層的湧現，從宇宙的起源到地球的形成；生物的出現和演化；人類的工具、語言、農業、技術和都市化。摩若維茨認為每一次湧現都有連帶的「修剪定律」，避免出現不必要的發展方

---

61 米哲爾，美國複雜性科學家；戴維斯 (1946生)，英國天體物理學家。
62 他是美國George Mason 大學生物學和自然哲學教授。

向；[63] 例如伴着生物的出現的修剪定律便是生存競爭。[64]

　　他所說的湧現，在實質世界約略相當於本書的自發性自我組織；[65] 湧現也包括非實質領域的哲學與「精神」。[66] 摩若維茨用了不少篇幅反映、討論西方宗教哲學，例如他公開相信「無所不在的」上帝。[67] 但他並沒有全面認同現有宗教信仰的細節教義和儀式。他認為上帝已植在於每人的心中：「我們就是上帝」。[68] 現代醫學療病，他認為已是神蹟，無庸他求。

　　摩若維茨對將來的猜想更不依循現有的宗教。他認為將來的湧現有如過去的湧現，結果難以預料；但他並不排除我們現在以碳化合物為基礎的「碳生命」，可能會由下一世代的自動微電子科學產品：「硅生命」取代。[69]

　　這本書的題材既然非常廣闊，無可避免地，粗枝大葉的素描必然多於細節的審核論證；關於「怎樣」(how) 的文字敘述遠多於解釋「何故」(why) 的推理。這本書討論生物 (尤其是動物) 的章節遠多於死物，動用了很多不太常見的動物學、哲學、宗教術語。第33章 (第179–184頁) 卻比較簡括易讀，而且相信包含了全書的精髓。

63　修剪定律 (Pruning rule)。修剪是防止枝葉衍生得過於茂盛無序的預防性剪除工作。

64　他用的是更廣義的競爭互斥原理 (the Principle of Competitive Exclusion)。生態龕 (Niche) 是只容一個物種舒適生存的、廣義生存空間 (該書第34頁)；兩個物種不能長期共存於同一生態龕 (該書第131–134頁)。

65　見第十三章第2–5節。

66　摩若維茨的原文是the spirit。

67　Immanent God.

68　"We are God," 該書第196頁。「我們的科學使我們了解無所不在的上帝，我們的行為讓我們了解超自然的上帝。」

69　Harold J, Morowitz, *The Emergence of Everything,* 第184頁。

II
宇宙與生物

二

意外的諾貝爾獎
宇宙的宏轟[1]

1. 楔子：意外的諾貝爾獎

1964年，彭齊亞斯和威爾遜兩位美國科學家採用一部大小有如一座小房子的「喇叭天線」準備探討天體可能發射出的超短微波。[2]

他們用這儀器瞭望太空深處，朝着他們認為不可能有輻射的方向，出乎意料地竟然探出微波輻射來。兩位科學家當初認為這一定是儀器不潔引起的謬誤；但將望遠鏡清洗，趕走了兩隻鴿子後，在不同方向仍然都探出大致相同的微波輻射。

彭齊亞斯和威爾遜大感不解，只好向天體物理學家狄克求助。[3]狄克告訴他們，這神秘、無所不在的輻射正好是自己夢寐以求、尋找了好幾年的宇宙微波背景！[4]彭齊亞斯和威爾遜在不知不覺中竟然窺察了宇宙的奧祕，而且後來因此榮獲

1　部分摘自王永雄、彭金滿、陳天機《天問：宇宙真貌的探索》(香港：Oxford University Press, 2013)，第十一、十二章，217–255頁。筆者感謝王永雄博士和彭金滿博士貢獻的寶貴意見。

2　彭齊亞斯 (Arno A. Penzias, 1933年生) 和威爾遜 (Robert W. Wilson, 1936年生) 都是美國貝爾電話實驗室的科學家。電射望遠鏡觀察天體發出的無線電波；微波 (microwave) 是波長1毫米到1米的電磁波。兩位科學家的電射望遠鏡所觀測的波長只有幾個毫米。

3　狄克 (Robert H. Dicke, 1916–1997)，美國物理學家，普林斯頓大學教授。

4　Cosmic Microwave Background Radiation, 簡稱CMBR或MBR。

了1978年的諾貝爾物理學獎。他們的大「喇叭天線」也被保存，成為美國的國家歷史地標。[5]

圖1. 威爾遜 (左)、彭齊亞斯和他們創造歷史的「喇叭天線」。

他們找到的是甚麼奧祕？對宇宙的認識有甚麼貢獻？請看下文分解。

2. 三字母經

我們的宇宙有沒有起源？現在的宇宙是怎樣的？將來的宇宙又會怎樣演變呢？

在20世紀初期，愛因斯坦用自己提出的廣義相對論探討

5　Homdel Antenna National Historical Landmark，位在Homdel, New Jersey, USA.

整個宇宙的性質，但擔心他的宇宙模型會在物質間的萬有引力下收縮。他在公式裏加入了一項「宇宙斥力」，企圖防止這想像中的危機。[6] 但後來蘇聯科學家弗里德曼指出愛因斯坦的原本模型，即使不採用「宇宙斥力」，雖然可以收縮，但也同樣可以膨脹。[7] 比利時的勒梅特神父更斷言宇宙從最初的「宇宙蛋」開始，正在不住膨脹中。[8] 愛因斯坦後來說過，「宇宙斥力」是他一生中所犯的最大錯誤。

　　勒梅特發表意見後兩年，天文學家哈勃綜合觀察結果，[9] 正式宣佈：我們的宇宙正在不住膨脹。在1940年代中葉，宇宙膨脹已被天文物理學家普遍接受了。

　　但宇宙的起源在那時仍是一個謎。窮家出身的阿而復在美國喬治華盛頓大學教授甘莫夫指導下，探究宇宙的起源，[10] 完成了一篇劃時代的博士論文。依慣例這論文該由二人聯名發表。但愛開玩笑的甘莫夫認為兩位作者的名字順念起來不夠響亮，便在中間嵌上了物理學家貝特的名字[11]。Alpher, Bethe, Gamow三個名字讀起來活像希臘字母表開頭的三個字母 α, β, γ (alpha, beta, gamma)。這篇探討宇宙創始的經典之作—《化學元素的起源》—在沒有徵求貝特的同意下發表在1948年4月，從此便被昵稱為「$\alpha\beta\gamma$ 理論」。[12]

6　他採用的符號是希臘字母 Λ (lambda).

7　弗里德曼 (Alexander A. Friedmann, 1888–1925)，蘇聯物理學家、氣象學家。

8　Father Georges-Henri Lemaître (1894–1966)，比利時天主教神父兼科學家。宇宙蛋：Cosmic Egg；勒梅特也稱之為「太初原子 (primeval atom)」。

9　Edwin P. Hubble (1869–1953)，美國天文學家。

10　阿而復 (Ralph A. Alpher, 1921–2007)，美國物理學家。甘莫夫 (George Gamow 1904–1968)，俄國出生的美國物理學家。

11　Hans Bethe (1906–2005)，德國出生的美國物理學家。他的姓裏的 "h" 字母是不發音的。

12　R. A Alpher, H. Bethe & G. Gamow, "The origin of the chemical elements."

3. 三十年的大論爭

3.1.「宏轟理論」[13]

$\alpha\beta\gamma$ 理論是宏轟理論的基礎。宏轟理論的主要發言人是阿而復、甘莫夫和稍後加入的赫爾曼。[14] 他們認為：

a. 宇宙源自太初突發的高熱膨脹，宇宙的平均溫度和密度從此一直低降。

b. 所有原子核都來自中子。中子蛻變成為質子；質子已是氫元素的原子核 $^1_1$H；它的質量數是1。[15] 原子核吸收一粒中子或一粒質子，便形成質量數更高一個單位的原子核，如此類推。

c. 每顆含有Z粒質子的原子核後來 (幾十萬年後) 捕捉住Z粒電子，成為中性的原子。

3.2.「穩態理論」[16]

與宏轟理論打對堂鼓的是穩態理論；提出這理論的是：班地、戈德和劍橋大學天文學教授霍伊爾，[17] 後者是其中最

Physical Review, 73, 803–804 (1948).

13 The Big Bang Theory.

14 赫爾曼 (Robert Herman, 1914–1997)，美國物理學家。他和阿而復兩位都進入了工業界，服務多年後又都回到大學任教授。

15 化學元素和性質可以用3個符號 ^A_ZQ 合併表示，Q代表元素符號，左下角的Z是元素的原子序 (atomic number, 原子核裏的質子數) 左上角的A是元素的質量數 (mass number, 原子核裏的質子數加中子數)。例如 $^4_2$He 代表元素氦的常見同位素，原子序是2，表出的質量數是4。請注意同一元素可以有好幾種質量數各異而原子序相同的同位素，例如 $^3_2$He 是比較罕見的氦同位素。本文將元素的質量分成三級：低質量元素的質量數是1–4，中質量元素的質量數是5–56，高質量元素的質量數超過56。

16 The Steady-State Theory.

17 班地 (Sir Hermann Bondi, 1919–2005)，奧地利出生的英國科學家，戰後

雄辯的發言人。三位都是二次大戰時在英國從事雷達研究的同事。

穩態理論立足在這三位科學家所提出的「完善宇宙原理」；[18] 這原理說宇宙大致不變，自古如此，沒有可以偵知的起源。雖然宇宙不住地膨脹，但氫原子到處悄然介入，使平均密度得以維持。

大爭論自1948年開始，延續了近三十年，產生了兩項諾貝爾獎，卒以宏轟理論全勝告終。

3.3. 兩重大關

宏轟理論的強項在闡明低質量化學元素的形成，但直到1950年代這理論都無法解釋較高質量的化學元素怎樣出現。原來世上根本沒有質量數等於5或8的穩定原子核！這理論所描繪的逐步合成工作闖不過這兩重大關。

穩態宇宙理論卻很自然地提供了迥然不同的元素合成環境。假如中質量、高質量元素在星體熾熱高壓的內部產生，穩態宇宙派堅信大自然總有辦法將它們重新循環到下一代的星體，作為宇宙演化的自然產品。

在那個非常尷尬的時候 (1950年中葉) 甘莫夫教授在美國作巡迴公開學術演講。[19] 他回溯 $\alpha\beta\gamma$ 理論的出現、成功和不足之處，然後講了一個笑話：

歷任英國政府科學官職。戈德 (Thomas Gold, 1920–2004)，奧地利出生的英國科學家，1959年起在美國康奈爾大學 (Cornell University) 任教授至退休。霍伊爾 (Sir Fred Hoyle, 1915–2001)，劍橋大學天文學教授，1972年與大學意見不合，憤而辭職。

18　The Perfect Cosmological Principle.

19　當時筆者也是聽眾之一。印度裔英國作家辛格 (Simon Singh，1964年生) 也講過甘莫夫這個笑話，見Simon Singh, *Big Bang: The origin of the universe*, (New York: Fourth Estate, 2004), p.399。

上帝創造萬物。

祂命令：「質量數＝1的原子，出現罷！」

質量數＝1的原子便頓然出現了；

「質量數＝2的原子，出現罷！」

質量數＝2的原子便頓然出現了；

「質量數＝3的原子，出現罷！」

質量數＝3的原子便頓然出現了；

「質量數＝4的原子，出現罷！」

質量數＝4的原子便頓然出現了。

但質量數更大的原子怎麼辦呢？

黔驢技窮的上帝於是命令，「霍伊爾教授，出現罷！」

　　甘莫夫教授的自嘲其實笑中有淚。當時看來只有霍伊爾的穩態理論可以解釋高質量數原子核的出現。

　　1957年，在霍伊爾的大力推動之下，美國物理學家佛敖勒的小組不負所托，果然證實了在高溫高壓之下，三顆低質量的氦原子核 ($^{4}_{2}$He) 可以合成中質量的碳原子核 ($^{12}_{6}$C)，[20] 重量級恆星在「正常生命」終結時爆炸，將體內物質和爆炸時震波所產生的物質散佈到隣近的空間；[21] 但死灰可以聚合、復燃，變成含有較重元素的新一代恆星。因此所有中質量、高質量原子數量的比例可以全部準確推算出來。

　　穩態理論一時佔先，咄咄逼人。但是其實甘莫夫教授根本不必認輸。原來宏轟理論也同樣容許重元素在星球內形成，然後散佈到星際空間。早期的宏轟理論沒有寫出一個完

20　主持這研究的佛敖勒 (William A. Fowler, 1911–1995) 也榮獲了1983年的諾貝爾物理獎。

21　爆炸中的重量級恆星叫做超新星 (supernova)。震波 (Shock wave)。

善的恆星死亡/再生理論；但改善的宏轟理論只須將對方發展的恆星演化理論全部照收便是。

3.4. 宏轟理論的勝利

不但如此，高靈敏度的電射望遠鏡成功地收到從遼遠空間傳來的訊息；看來星體距離地球愈遠，訊息對穩態理論愈為不利。

許多遼遠星體距離地球的距離有好幾億光年；[22] 這就是說：它們放出的光（電磁波）要費好幾億年才能到達地球。所以我們看到的是這些星體在好幾億年前的景象。

穩態理論家根據他們的「完善宇宙原理」，認為這些景象大致上應該與我們附近的星體所供應的近代景象相似，也許不看也罷了。但宏轟理論卻認為遠古的景象與近代的景象應該有顯然的不同。電射望遠鏡觀察的結果是：許多放射高能量電磁輻射的星體大致上是「遠多、近少」，尤其新發現的、放射巨大能量的類星體竟然是「遠有、近無」！[23] 看來宇宙果真是「古今有別」呢。

1964年發現的宇宙背景輻射更徹底推翻了「完善宇宙原理」。穩態理論看來必須揚棄這「完善宇宙原理」的骨幹，才可以解釋這無所不在的輻射。原來這背景輻射正是太古宇宙約37.9萬歲時，高溫留下的餘燼。難怪彭齊亞斯和威爾遜榮獲了諾貝爾獎了。

其實早在1948年，阿而復和赫爾曼在權威科學雜誌：《自然》已發表文章，從宏轟理論預言這輻射的存在，[24] 但

22　1光年是光在1年內所經歷的距離，等於9.461×10^{12}公里。

23　類星體（Quasar），現在相信是遠古大星系形成時，中央大黑洞附近放出的強烈輻射，離地球7.8億到280億光年。

24　R. A. Alpher and R. C. Herman, "Evolution of the universe." *Nature*, 162,

他們根本找不到願意幫忙他們探索宇宙的電射天文學家。而且他們的著作在1960年代看來已被遺忘得一乾二淨；據說連慨然以探索宇宙輻射背景為己任的狄克教授也懵然不知呢。

4. 我們宇宙的歷史

我們且綜合主流理論，用通俗的語言，非常簡略地介紹我們所知的宇宙歷史。

4.1. 138億年前。宇宙年齡：不到 5.4×10⁻⁴⁴秒

138億年前，我們的宇宙誕生了。[25] 它是怎樣誕生的？宇宙有沒有「史前史」？時間是否隨着宇宙誕生開始？宇宙外面有沒有其他宇宙？科學家有好幾套迥然不同的猜想，但我們還沒有足夠的資料來決定取捨。總而言之，我們的宇宙看來是某種自然機制的湧現。[26] 我們也認為我們的宇宙是一個封閉系統，宇宙不能接受外來的質量和能量，也不能將它們向「外」傳送。

我們研究宇宙的形成要借重量子力學。但量子力學完全無法告訴我們在宇宙出生後最初的5.4×10⁻⁴⁴秒 (所謂「普朗克時間」) 內發生的事故。[27]

774–745 (1948).

25 2013年算出來的年齡是137.98 ± 0.37億年。見 Wikipedia, "Big Bang" 條，2014年9月26日，12:08。

26 一個難題是：太初簡單的宇宙未必擁有足夠的「次系統」來引起正常的湧現。

27 普朗克時間 (Planck time)。普朗克 (Max Planck) 是德國物理學家，量子力學的始創人。

4.2. 暴脹。宇宙年齡：不到10^{-32}秒

　　普朗克時間終結後，太初宇宙仍然極其渺小，但擁有不可想像的高熱。年齡約10^{-37}秒時，宇宙突然開始超速的膨脹：在年齡10^{-32}秒時，宇宙體積相信已達到暴脹前的10^{78}倍。此後宇宙才踏入「正常膨脹」的階段。

4.3. 中子、質子和電子的出現：宇宙年齡：不到10秒

　　宇宙出現了「對稱的破碎」，[28] 物質與能量的分佈變成不均勻。物理學家戴維斯指出，萬有引力無遠不屆，是破碎宇宙對稱的原動力。[29] 對稱破碎後，宇宙在不均勻分佈的環境裏，產生暗物質和夸克，然後 (宇宙年齡約為10^{-6}秒時) 夸克開始產生中子和質子。[30] 在宇宙年齡不到10秒時，電子也出現了。這些基本粒子和暗物質都是新生宇宙的湧現特性。

4.4. 低質量原子核的合成。宇宙年齡：不到20分鐘

　　質子本身已是氫元素 ($_1^1H$) 的原子核；它逐步吸收中子、質子，產生低質量元素的原子核，作為基本粒子群裏冒出的湧現特性。[31]宇宙年齡約等於20分鐘時，低質量原子核的合成已經結束。

　　但在這合成階段，質量數超過4的原子核產量非常之低；原因是質量數等於5和8的原子核都不穩定，在未接受更多的質子或中子之前通常便已進行蛻變，釋放質子或中子，回復到低質量數的原子核了。

28　Symmetry breaking.
29　見第十章第1節。
30　暗物質見第5節。夸克 (Quark)) 有6種。
31　氫 ($_1^1H$)、重氫 ($_1^2D$)、氚 ($_1^3T^*$)、氦3 ($_2^3He$)、氦 ($_2^4He$) 和微量的鋰6 ($_3^6Li$)、鋰7 ($_3^7Li$)、鈹7* ($_4^7Be^*$) 和鈹8* ($_4^8Be^*$)。*代表不穩定的原子核。

4.5. 低質量原子的合成和宇宙背景輻射的出現。宇宙年齡： 約37.9萬歲

原子核帶有正電荷；擁有Z顆質子的原子核一定要「捕捉」Z顆電子，讓它們環繞原子核；才可以變成中性的原子作為湧現。但原子核初出現時，宇宙仍有高熱，電子無法靠近原子核；電子與原子核形成不透光的「等離子體」。[32] 原子核捕捉電子的過程要有待宇宙充分膨脹，同時溫度大大降低到攝氏3,000度後方能完成；熾熱的宇宙從混濁頓然變成透明。那時宇宙年齡已經有37.9萬歲了。

科學家告訴我們，任何熱的物質在「熱力學平衡」之下都自然放出電磁輻射，叫做黑體輻射，作為湧現特性；[33] 宇宙在37.9萬歲時，黑體輻射遍佈整個變成透明的宇宙，這正是我們今天探到的宇宙微波輻射背景。

4.6. 恆星和星系的出現。宇宙年齡：直到10億歲

星系[34] 與恆星

輕量原子 (和神秘的暗物質[35]) 由於萬有引力作用，聚合而成雲霧；宇宙在大約5億歲時，部份雲霧已結合成為原始星系；[36] 每個星系中心都有一個質量相當於幾百萬個太陽的超重黑洞。[37] 星系成型之際可能在大黑洞附近釋放出大量輻

---

32 Plasma.

33 不同溫度T的「黑體」所放出的輻射在波長 (λ；X軸) / 強度 (I；Y軸) 的圖形上描出一條典型的鐘形平滑曲線，擁有一個典型的極大值。通常溫度T愈高，這極大值所在的波長愈短。

34 見Wikipedia, "Galaxy" 條，2014年9月29日，19:11。

35 Dark matter. 見第5節。

36 Proto-galaxy.

37 Supermassive black hole. 黑洞是一個密度奇高、連光也不能逃離它的吸

射，這就是我們今天觀察到的、極其遼遠的類星體。

　　組成原始星系的雲霧繼續收縮，達到某個限度時，內部出現核反應，不斷化部分物質為能量，對抗萬有引力所引起的收縮，成為發熱放光的球狀物體；它們是最早期的恆星。在每個星系裏恆星的數量以10^7–10^{14}計。

　　多個星系更進一步互相吸引，構成星系集和多個星系集組成的超星系集。[38] 恆星、星系、星系集和超星系集都是從宇宙中無定形的雲霧產生的湧現。

恆星的生命歷程和中質量、高質量元素的合成

　　恆星放出的光來自內部高溫高壓下的核反應；這核反應壓縮着低質量的原子核，產生較高質量的原子核和輻射能。萬有引力作用會引起星體外層的收縮；輻射抵消了這傾向，維持恆星的球狀，更向球外發射出光和熱。[39] 較高質量的原子核可以再受壓縮，如此類推。但鐵56 ($^{56}_{26}$Fe) 的原子核在壓縮下不但不產生能量，反而吸收能量；恆星的球狀和光芒因此不能無限止地維持下去。

　　恆星的質量愈大，則放出的光愈強，平均波長愈短；耗費能量的速度愈大，因此這些恆星的壽命也愈短：

　　低質量恆星 (赭色到暗紅色) 演變極其緩慢。壽命可能比宇宙現在的年齡還要長。

　　質量約略相當於我們的太陽的恆星 (黃色) 在成型幾十億年後外殼膨脹，成為紅巨星；[40] 紅巨星的外殼漸漸在空間淡化。核心部分產生、釋放中質量元素，留下高密度的白矮星。[41]

力的物體。我們銀河系中央的超重黑洞已得到觀察上的證實。

38　星系集 (Galaxy cluster)；超星系集 (supercluster).

39　其實熱輻射也是光。

40　Red giant. 太陽變成紅巨星時，它會包含整條現在的地球繞日軌道，

41　White dwarf.

更高質量的恆星 (藍白色) 壽命不到十億年，變成超紅巨星後爆炸，是為 (II型) 超新星；超新星其實只是恆星自我毀滅的現象。爆炸產生的震波不但散播中質量元素到空間，而且壓縮了中質量的原子核，因而產生、散播高質量的元素。超新星爆炸後，在中央會留下一顆受過極度壓縮、超高密度的中子星。[42]

再高質量的恆星 (藍白色) 可能在幾千萬年內直接以超新星形式爆炸，釋放、製造中、高質量元素到空間，在中央留下一個黑洞。[43] 質量超高的恆星更可以在幾百萬年內跳越超新星的階段，直接坍縮成為黑洞。

超新星爆炸後產生的雲霧在萬有引力作用下可以慢慢聚合，發熱放光，成為下一代的恆星；這些恆星面世時便已經擁有中質量和高質量的元素了。

我們的太陽相信是從某一顆超新星爆炸後的雲霧收縮而成；因此它和環繞它的行星都擁有低質量、中質量和高質量的元素。天文學家現在也相信許多恆星，有如太陽，都擁有環繞着的行星。

4.7. 今天的宇宙。宇宙年齡：138億歲

從宇宙37.9萬歲、變成透明時開始計算，宇宙至今已膨脹了1100倍；當初放出的3,000K背景輻射隨着宇宙膨脹而下降，到現在只有我們現在觀測到的2.725 ± 0.0002K了。[44]

---

42 Neutron star. 幾乎全由中子構成，直徑只有幾公里。

43 2010年11月，美國太空總署宣佈31年前被業餘天文學家Gus Johnson發現的、位在M100星系內的超新星SN1979C，離地球5,000萬光年，現在已變成這是我們發現在最短期內產生的黑洞。見Wikipedia, "SN1979C"條，2014年7月24日，05:46。

44 x K = x–273.15 °C. 宇宙微波背景放出連綿的微波，強度最高處的波長是1.9毫米。

5. 未完成的探討

一個世紀前，我們對宇宙的歷史幾乎一無所知。宇宙學在過去半個世紀經歷了飛躍的進展，產生了一連串的突破，現在可以說已經大致成型了。

第4節所述每一階段的發展，都可以說是湧現引起的突破。新湧現產生新現象、新法則；在新的基礎上又產生下一階段的湧現。

筆者認為在宇宙的歷史過程中，最關鍵性的湧現特性是在暴脹之後，對稱的破碎。假如完美對稱一直維持下去，直到現在，那末宇宙到處，無論上、下、左、右、前、後、都是枯燥無味的一片「雷同」；有趣的東西，包括我們自己、我們面對的書桌、桌旁的小窗、窗外的婆娑大樹、樹上打瞌睡的貓頭鷹，都不會出現。

隨着一連串的進展和突破，科學家更發現了新的重要問題。原來宇宙現在的的總質能 (物質加能量) 只有4.6%來自我們所熟悉、受電磁力影響的可見物質。

有不到1%是幾乎沒有質量的中微子。[45] 但宇宙總質能的23% (可見物質的5倍！) 屬於擁有質量、但不受電磁力影響，因而不可見、而且透明的暗物質。[46] 在太古宇宙裏相信暗物質與夸克大約是同時出現的。

更神秘的是暗能量；[47] 它現在佔宇宙總質能的72%！宇宙

---

45 Neutrinos.

46 Dark matter. 美籍瑞士天文學家茲威基 (Fritz Zwicky 1898–1974) 發現星系的旋動，與當時所知的力學理論相違，於是在1933年宣佈宇宙中有巨量根本看不見，但仍然遵守重力定律的「暗物質」。後來美國大空總署發現在宇宙中暗物質的總質量竟然是通常「可見物質」的5.75倍。

47 Dark energy.

仍在繼續膨脹，而且膨脹正在加速。[48] 暗能量來自宇宙空間的膨脹，但我們對它幾乎一無所知。一個解釋是：暗能量來自愛因斯坦提出、但後來自動收回的「宇宙斥力」。[49] 看來他在20世紀初期的確如他自己所說，犯了錯；但他的錯誤並不在提出「宇宙斥力」，而只在認錯過早。

相信在不久的將來，對暗物質和暗能量的了解將會有進一步的突破。在這些突破成功之前，我們對宇宙的認識，絕大部分只來自宇宙總質能的區區4.6%罷了。

6. 從大到小

> 寄蜉蝣於天地，渺滄海之一粟。
>
> ——宋 · 蘇軾 (1037–1101)，前赤壁賦

6.1. 從可見的宇宙到銀河星系

我們可見的的宇宙，大得驚人，估計直徑至少有9.3×10^{10}光年。但大部分的宇宙都在我們可見範圍之外，照估計起碼是可見的宇宙的10^{23}倍！[50]

在可見宇宙裏，有一個直徑1.10億光年、擁有不止100個星系的室女座超星系群。[51] 這超星系群裏有一個直徑1千萬光年的本星系群；它擁有30個星系，我們的銀河星系是其中第二大的一員。[52]

---

48 2006年Saul Permutter, Adam Riess和 Brian Schmidt研究Ia型超新星的分佈，顯示宇宙膨脹正在加速。這三位天文學家榮獲了2006年邵逸夫天文獎和2011年諾貝爾物理獎。

49 已見第2節。

50 見Wikipedia, "Observable universe" 條，2014年9月12日，05:34。

51 Virgo Supercluster.

52 本星系 (Local Group) 裏最大的是仙女座星系 (Andromeda Galaxy,

　　銀河星系擁有2,000–4,000億 (2–4×10^{11}) 顆恆星，大部分的質量都位在一個直徑7–10萬光年，厚約1千光年的「星系圓盤」裏。[53] 圓盤的中央部分腫大，含有質量約等於4.1百萬個太陽的超質量黑洞，和一條由密集恆星組成的粗棒。中央部分「伸出」至少2條螺旋臂，臂的末端在星系圓盤的邊緣。銀河系因此是一個「棒旋星系」。[54]

6.2. 太陽系[55]

　　離圓盤中央約2萬5千光年的地方，很久以前，一顆大恆星完結了正常生命歷程，以超新星形式爆炸，將物質微塵散播在附近的空間。我們應該向這不知名的大恆星致敬：它的死亡產生了我們的太陽系。

　　微塵在萬有引力影響之下慢慢凝聚在一起，中央部分在45.67億年前開始發熱、放光：它是我們的太陽。鄰近太陽的地方出現了八顆行星；從中央向外數起，我們的地球是第三顆。整個太陽系還有許許多多彗星、小行星等受太陽萬有引力支配的天體。

　　太陽系繞着銀河系中心，大致上依橢圓軌道運行，速度是每秒鐘251公里，每1,190年便走過1光年的距離，每2.25–2.50億年繞銀河系中心一週；自形成以來它已經繞了20–25週了。太陽本身大致上還會繼續維持現狀約50億年，然後急速膨脹，成為紅巨星，外殼半徑大於地球現在繞日的軌道。再10億年後，外殼擴散、在太空淡化，成為「行星狀

M31)，銀河星系 (The Milky Way Galaxy)。
53　Galactic disc.
54　Barred spiral galaxy.
55　見 Wikipedia, "Sun" 條，2014年10月2日，00:06。

星雲」，在中央留下一顆高密度的「白矮星」。[56]

6.3. 地球和生物

我們的太陽系有八顆行星；它們各有特色；地球最顯著的特色是生態。生物靠水生存；地球表面71%是海洋。地球上的水的主要來源可能多年前不住衝撞地球的多顆彗星。

水星、金星太熱，木星、土星、天王星、海王星太冷，都不容液態水的存在。火星表面有不少的沖積紋，指出遼遠的過去這行星曾經有過河流，現在可能仍有地下冰，但太空探測器放下火星表面的多副自動機械仍未找到任何生命的證據。

看來地球是太陽系唯一的生命所在。但我們不能排除的宇宙別的地方生命存在的可能性，尤其近年天文學家發現，許多恆星都帶有行星。

在45.7億年前，太陽系剛剛形成，地球是一塊白熱的熔融物體，生命不可能存在。地球表面冷卻後，生命才能夠出現。有些科學家認為地球生命是外星體帶來的；即使如此，外星體帶來的生命也只能生存在表面冷卻後的地球。生命的一個可能的發源地卻是大洋底部、從地殼裂縫噴出硫化合物的「黑煙囪」。[57]

---

56 行星狀星雲 (Planetary nebula) 這名字來自早期觀測天文學家的誤解，認為它們輪廓模糊，好像行星。白矮星 (white dwarf) 的密度是水的一百萬倍。太陽變成的白矮星質量約等於現在太陽質量的一半，而大小只像現在的地球。

57 見第一章第6節。

　　我們找到的最古老生物化石包括在澳洲西部的一堆生物性疊層石，由35億年前的單細胞藍綠細菌屍骸堆疊而成。[58]藍綠細菌徹底改變了太古地球的面目，但欲知後事如何，請看下章分解。

58　見Wikipedia, "Stromatolite" 條，2014年9月15日，19:19。他處的疊層石未必來自疊積的生物，也未必在古代形成。

三

二十三億年前的悲喜劇

共同演化

1. 楔子：太古時的悲喜劇

1.1. 最早的「垃圾蟲」

　　約35億年前，生物已經在地球上出現了。當時它們都是極端微小的「原核單細胞生物」。[1]

　　所有生物都進行新陳代謝，從環境汲取養料、進行消化，養活自己；在這過程中也排出自己不要的廢料。至少在25億年前，藍綠細菌已經面世；[2] 它們可以說是地球上最早的、亂丟廢物的「垃圾蟲」。藍綠細菌排出一種富侵蝕性的氣體，闖出了瀰天大禍。

　　大約23億年前，這侵蝕性的廢氣業已瀰漫全球，積聚到無可忍受的地步。它足以破壞原核生物的細胞膜，侵蝕裏面的組織，殺死個體。甚至排出這些毒氣的細菌元兇，也抵受不住自己的「產品」。

　　生命面對空前的災難：無疑億兆隻原核生物已慘遭荼毒；許多只好躲在毒氣不易侵襲的地方 (例如其他原核生物的

1　分成兩類：古細菌 (archaea) 和細菌 (bacteria)。
2　藍綠細菌 (Cyanobacteria)。

屍骸底下），苟且偷生。看來全球生物結果都會絕滅，我們的故事也會以悲慘的無邊死寂收場了。

1.2. 奇蹟

正是「山窮水盡疑無路，柳暗花明又一村」。奇蹟竟然出現了！

許多細胞發展了堅韌的核膜，保護自己寶貴的DNA，不讓毒氣入侵，形成「真核細胞」。[3] 原核細胞的直徑通常只有1到10微米。[4] 真核細胞的直徑卻約十倍於原核細胞（約10到100微米）；平均體積約為原核細胞的一千倍。[5]

在核外，這些「真核細胞」更包容了從外而來、與核內的DNA共生，共同繁殖的原核細胞生物，叫做細胞器。[6] 細胞器放棄了過往的自由行動，與真核細胞其他組織組合起來，互相呼應，湧現出簇新的整體結構，和多方面適應環境的功能。一種絕大多數真核細胞都擁有的細胞器：「粒線體」竟然能夠呼吸藍綠細菌排出的毒氣，[7] 將產生的能量供應整個細胞，增加後者的體能好幾倍。

毒氣的名字是：(想聰明的你早就猜中了！) 氧氣。

原來地球大氣層的氧氣，竟然是億兆隻古藍綠菌新陳代謝作用下的「湧現」！在地球形成初期，大氣中的氧氣成份可以說是微不足道。在生物出現的太古早期，多數微生物也以消化硫化合物為生，不用氧氣。[8] 後來古火山不住爆發，釋

3　原核細胞 (Prokaryotes)；真核細胞 (eukaryotes)。
4　我們討論微生物的大小，通常以微米 (micron, μm) 為單位。1微米 ＝ 百萬分之1米，約等於30萬分之1英尺。
5　擁有細胞核的細胞叫做真核細胞 (Eukaryotic cells)。
6　Organelle.
7　Mitochondria.
8　2011年David Wacey和Martin Braiser 兩位地質學家報導他們發現了最

放出大量含碳的化合物；藍綠菌開始利用太陽能進行光合作用，將碳化合物和水合成養料：葡萄糖，同時排出氧氣作為廢料，氧氣當初與其他元素緊密結合，主要變成岩石；但當這結合趨向飽和時，多餘的氧氣便引起了上述的大氣氧化危機；真核細胞利用氧氣，竟然化「危」為「機」。[9] 今天在組成大氣層的元素裏，氧氣的容量已佔第二位 (21%)，僅次於氮氣 (78%) 了。[10]

在真核細胞裏的粒線體呼吸氧氣、排出碳酸氣，將產生的能量與主體共享。粒線體的遠祖是一種自由生活的「好氧性」變形菌。[11] 所有植物細胞更有稱為「葉綠體」的細胞器；[12] 葉綠體在 (陽) 光下利用光合作用，將 (可能從外而來的) 碳酸氣和水結合，製造養料 (葡萄糖)、排出氧氣，不但供應植物細胞自己，更供應不能製造氧氣的動物細胞。葉綠體的祖先是誰呢？原來就是20億年前、闖出瀰天大禍的元兇：藍綠細菌！

1.3. 馬古力斯的體內共生理論

美國馬古力斯教授綜合過去好幾位生物學家的意見，但加上微生物學有力的新證據，在1966年開始重提過去屢被忽視的「體內共生」理論。[13] 她富有創意的文章初時到處碰

早的生物細菌化石：它們活在34億年前，藉消化硫化合物這為生。見 E. Pennisi, Science Now, 2011為年8月21日：http://news.sciencemag.org/sciencenow/2011/08/worlds-oldest-fossils-found-in-a.html

9　The Great Oxygenation Event (GOE). 見Wikipedia, "Great Oxygenation Event" 條，2014年10月1日，21:20。

10　以容量為單位的百分比. 見Wikipedia, "Atmosphere of earth"條，2014年9月3日，08:50。

11　這種小細菌是立克次體 (rickettsia) 細菌的一種，屬於Proteobacteria (變形菌) 門、Alphaproteobacteria (α–變形菌) 綱、Rickettsiales (立克次體) 目。

12　Chloroplast.

13　馬古力斯 (Prof. Lynn Margulis, 1938–2011)，美國麻省大學教授。體內

壁：被十五、六種權威學術雜誌退稿；但她堅持不懈，「屢
敗屢戰」，文章終在一年後發表。後來在1978年，科學家竟
然發現粒線體和葉綠體本身都擁有自己的DNA；因此它們的
祖先顯然是從外界進駐、有自主能力的生物個體；體內共生
理論因此得到肯定，成為公論。[14]

　　粒線體和葉綠體雖然都是真核細胞裏面的「次系統」，
但都位在真核細胞核外，都擁有自己的傳宗接代機制。它們
都已經不同於它們自由生存的原核細菌祖先，都已變成了真
核細胞的基礎成員了。

　　體內共生是幾種不同原核單細胞生物合作下產生的湧現
特性。單個真核胚胎細胞後來 (約在10–16億年前) 更進一步
分裂成為含有億萬個細胞、分工合作的生命個體；我們今天
肉眼可見的多細胞生物。

　　現在每一棵植物，包括苔蘚青草、參天大樹、奇花異
卉；每一隻動物，包括飛禽走獸、蛇蟲鼠蟻、我們自己，都
擁有億萬顆真核細胞，組成互相合作的器官，每顆真核細胞
都在不懈地進行20億年前已經肇端的體內共生工作。

　　2008年，馬古力斯和12位生物學家榮獲倫敦林奈學會每
50年才頒發一次的達爾文–華萊士獎牌。[15] 這榮譽對馬古力
斯有特別重要、甚至可以説是帶諷刺性的意義。一個半世紀

　　共生：Endosymbiosis。

14 http://evolution.berkeley.edu/evosite/history/endosym.shtml有兩頁較詳盡
　　的介紹。

15 林奈學會 (Linnean Society) 以生物分類學始創人、瑞典生物學家林奈Carl
　　Linnaeus為名，是全世界現存最早的權威生物學會，研究、宣播分類學
　　和自然歷史。達爾文–華萊士獎牌 (the Darwin-Wallace Medal) 紀念演化論
　　的兩位創始人：達爾文 (Charles Darwin, 1809–1882) 和華萊士 (Alfred Russel
　　Wallace, 1823–1913)，表揚「演化生物學的重大發展」(major advances in
　　evolutionary biology)。在2010年開始，獎牌改為每年頒發一次。

前，達爾文宣揚演化論時所強調的，是物種間的血腥生存鬥爭，但馬古力斯所鼓吹的體內共生互惠合作不也是生態共存的主要基礎模式嗎？

1.4. 敵、友與己

20億年前的神奇結合，相信也是由於偶遇時的吞噬，但「不打不相識」，吞噬者患上「消化不良」，終歸改變了遊戲規則，不再進行「拼個你死我活」的「零和遊戲」。被吞的細胞與吞噬者團結互惠，成為不復可分的新整體。這種衷心合作，何止是我們歌頌的、「化敵為友」的偉舉？簡直是「化敵為己」了。

2. 生命[16]

2.1. 神奇的湧現

生命科學裏最耐人尋味的現象當然是生命，這是自發性「自我組織」的大好例子。

「生命製造新一代的生命」，例如大樹的種子落地生根，變成新的大樹；公雞、母雞交配後母雞生蛋，孵出小雞，這生育、遺傳現象已經是神奇得很；而太初時的湧現：「非生命製造生命」更難以想像。但地球開始時是一塊熔融的高熱物質，肯定是沒有生命的。第一隻生物(或第一隻濾過性病毒)怎樣出現？仍然是一個未解的謎。[17]

16　請參看第六章第4節。
17　一個可能的發源地是大洋深處、地殼裂痕上的「煙囪」。見第一章第6節。

2.2. DNA

我們現在知道，生物是由DNA分子管制的，每隻生物有一個或多個細胞，每個細胞有多個不同的DNA分子。[18] DNA控制生物細胞，製造當地環境所要求的蛋白質，繼續在環境中生存、滋長，更在適當的場合複製自己，產生下一代的生物。

濾過性病毒在生物與非生物之間；[19] 它擁有DNA，或更為簡單的RNA，可以無限期地以結晶形式存在；但它在生物體內卻會活起來，從宿主身體奪取養料，繁殖自己的後代。

我們可以肯定的是，現代的自然生物是由古生物演化而來的；複雜的多細胞生物是由單細胞生物演化而來的。多隻生物合作，更可以形成群體社會。這些都是多層湧現的結果。

最早的真核細胞生物只有單個細胞；[20] 它們約在約20億年前演變出多 (真核) 細胞生物。[21] 來自母體的一個真核細胞進行多次分裂，變成億萬個相同的細胞；它們互相合作，組成器官；多副器官分工合作，更組成多細胞生物。今天幾乎所有肉眼看得見的生物都是多 (真核) 細胞生物。

2.3. 生物的分類

從前科學家只將生物分成動物、植物兩界。但隨着科學的飛躍進步，觀察到的生物物種的多樣性早已顯示出修改的必要。

---

18 已見第一章第5.2節。在細胞裏每個「染色體」(chromosome) 都是一個 DNA分子。

19 Virus.

20 叫做原生生物 (protists)，其中大多數是單細胞生物。

21 Multicellular organisms. 本章所討論的多細胞生物只限於複雜真核細胞生物；原核細胞也有組成多細胞生物的例子，但它們沒有器官化的分工合作。

現今常用的是生物學家烏斯提出的3域6界分類方式，見
表1。[22]

表1. 生物的3域6界分類方式。(2域5界分類方式將古細菌界併入細菌界)

細菌域 (Domain Bacteria)。　　　單原核細胞生物。
　真細菌界 (Kingdom Eubacteria)。
古菌域 (Domain Archaea)。　　　古菌的細胞膜化學構造與細菌不同，更
　　　　　　　　　　　　　　　能適應「惡劣」環境。

　古菌界 (Kingdom Archaebacteria)。
真核域Domain Eukarya)　　　　真核細胞生物。
　原生物界 (Kingdom Protista)。　大多數是單真核細胞生物。
　真菌界 (Kingdom Fungi)　　　不含葉綠體。單細胞真菌：例如酵
　　　　　　　　　　　　　　　菌[23]；多細胞真菌:蕈類。
　動物界 (Kingdom Animalia)。　不含葉綠體的多真核細胞生物。
　植物界 (Kingdom Plantae)。　含葉綠體的多真核細胞生物。

2.4. 生命的複製

生物的一個特色是生殖。生殖主要採取兩個模式：無性
生殖和有性生殖。

採用無性生殖的生物個體通過DNA的複製，產生下一
代。(真核細胞的粒線體、葉綠體各有DNA，與細胞核內的
DNA互相呼應，同步複製自己。)

採用有性生殖的生物分為雌、雄兩性。雌、雄個體進行
交配，各供應一半DNA，合併下成為受精卵，輾轉形成新一
代的個體。有些生物雌雄同體，甚至可以自行交配。[24]

22　烏斯 (Carl Woese, 1928–2012)，美國生物學家。他提出的3域6界分類方
　　式從1980年代中葉起在美國被普遍採用，現在可說是主流。

23　Yeast.

24　一些生物兼用無性、有性生殖。有些生物，例如纖毛蟲 (cilates) 有不止
　　兩種「性」，在此不贅。

在多細胞生物界，每個受精卵細胞經歷一連串的分裂，變成億萬個相同的細胞；它們分化，形成不盡相同的器官；多個器官無我地分工合作，組成一隻大型生物。

2.5. 多重結構的湧現特性

在真核細胞裏我們看到大結構可以來自小結構的組合；整個大結構的功能也是小結構組合而成的湧現特性。在每隻多細胞生物裏，我們更可以看到擁有相同基因的真核細胞，在不同環境之下，組合成不同的器官。億萬個細胞，分工合作，成為器官；多個器官和諧共存，形成整個生物體，作為更高層次的湧現特性。這些多重的結構產生複雜的功能，讓每隻生物採用自己的方式，面對環境；不但繼續生存滋長，而且傳宗接代。

多隻、可能不同種的生物更形成生態環境；成員自覺地、或不自覺地分工合作，作為更進一步的湧現特性。

3. 寒武紀的大爆炸

我們且從20億年前的太古跳一大步，到6億年前左右的地球。[25] 在那個時期，地球上的多細胞動物多數是海洋軟體動物。看來它們泰半是大自然失敗的創作嘗試。許多這些生物都已絕滅，留下令學者摸不着頭腦的奇怪化石。

3.1. 大自然的新嘗試

在5.44到5.05億年前，地質學家稱為寒武紀的一段時

25　6.35–5.25億年前，稱為埃迪卡拉紀，或稱震旦紀 (the Ediacaran Period)。

光，[26] 大自然好像進行了一個嶄新、偉大的實驗。這實驗空前成功：許多生物品種突然冒現了。寒武紀初期的動物界只有3門，[27] 但到了末期，今日動物界38門的雛型都已經面世。這現象在古生物學史上被稱為「寒武紀大爆炸」。[28]

3.2. 寒武紀大爆炸的可能導火線

甚麼東西激發了寒武紀的大爆炸？英國牛津大學古生物學家派克提出了一個眼光獨到的解釋：[29] 寒武紀初期的兇殘動物發展了輕便的光學探測儀器：眼睛。

兇殘動物從此不靠盲目摸索，便能認識環境、利用環境。眼睛與肢體配合，狩獵時如虎添翼。獵物也被迫適應，改變自己；它們或也發展眼睛，學會逃避敵人的進侵；或發展堅硬有刺的外殼，即使被敵人捕捉，也不容被輕易吞噬；或發展偽裝、躲藏、遁逃、甚至對抗的技術。[30] 改變後的獵物又轉而影響獵者的演化。這循環不息、互爭上游的現象叫做「軍備競賽」。[31]

派克也提出，最先擁有眼睛的兇殘動物可能是寒武紀最成功的動物：當時幾乎無所不在的三葉蟲。[32] 這物種的壽命

26　寒武紀 (The Cambrian Era)。

27　「門」是phylum (單數)，phyla (眾數) 的中譯，是生物學家公認的一個動物分類；相應的植物分類是division，也譯成「門」。今天生物學家多數將物種分成6界 (kingdom)，將動物界分成38門。

28　"The Cambrian Explosion."

29　Andrew J. Parker (1967年生)，澳洲出生的古生物學家。這理論由他在1996 年提出，相信者多，但未算是主流。見Andrew Parker, *In the Blink of an Eye* (New York: Perseus Books, 2003)。

30　較正確的講法是：不變的獵物遭到大批殺害，趨向滅絕；較有應變傾向的一群和後代卻有機會演化、適應。

31　Arms race. 見下面第6.1節。

32　Trilobite.

竟然長達將近3億年 (前5.26億年到前2.50億年)。

共同演化的巨輪轉動不息；演化的過程雖然盲目，步伐雖然緩慢，但在有眼動物出現後幾百萬年內，整個生物世界都經歷了翻天覆地的改變。

3.3. 兩種共同演化

體內共生是多元結構共同演化的一個例子，它的功能至少是保護重要基因，同時呼吸毒氣，增進體能。寒武紀生物結構的改變：眼睛的出現，改進了生物狩獵的模式，引起了幾千萬年上古動物界的軍備競賽。這爆炸性的共同演化現象幾乎全面改變了所有大型動物的身體結構和生活模式。

體內共生和寒武紀大爆炸的出現，都指出生物怎樣改變結構，產生特別的功能，庶能利用環境，免遭淘汰。我們且將上面兩個故事帶來的、共同演化的啟示並列，比較一下：

表2. 古生物的共同演化。

	體內共生	寒武紀大爆炸
時期	約20億年前。	約5億年前。
共同演化現象	無我合作：體內共生。	軍備競賽：「力爭上游」。
誘因	藍綠細菌排出侵蝕性氧氣。	有眼兇殘動物的狩獵。
應變方式	真核細胞多元互補：	發展對抗、隱藏、逃生的裝備和技術：
	細胞核膜保護DNA；	裝備：眼睛、甲殼、偽裝、運動的器官；
	粒線體在核外呼吸氧氣，	技術：對抗、躲藏、遁逃。
	產生碳酸氣，增進體能。	
	葉綠體更進行光合作用，	
	將碳酸氣加水，	
	合成養料：葡萄糖，	
	放出氧氣，	
	完成氧氣–碳酸氣循環。	

4. 結構、功能與反饋

4.1. 實質系統的結構與功能

所有生物都是有生命的實質系統。我們且擴闊視野，略論所有實質系統的結構與功能。發展出來的概念往往也適用於非實質的系統。

實質系統出現在物理世界，遵守科學定律。它的結構、功能，都有一定的限制，例如旗竿斜插，便容易倒下來。火箭飛行，不能超越光速。

實質系統具有結構；結構產生功能，[33] 沒有結構便沒有功能。簡單地說，假如結構是「因」，是達到目的的手段。功能便是「果」，是目的，也是結構的湧現特性。[34]

常見的一種功能是依照定律，與其他系統互相作用，產生湧現。

這些看法含有濃厚的主觀成分，可能受不起嚴格的考驗，尤其是「功能」。例如：根據物理學的質能不滅定律 $E = mc^2$，物質已經是一種能量了。比較正確的說法可能是：結構包括潛能，而功能只是可以使用的能量而已。

4.2. 反饋

系統的結構產生功能；所產生的功能可能直接、間接反過來影響同一個系統結構後來的功能；這重要的迴環現象叫做反饋，已在第一章簡略介紹過了。[35] 我們在這裏且作較全面的討論。

33　結構 (Structure)，功能 (function)。

34　「因」(Cause)，「果」(effect)。第7章會作專題討論。

35　已見 第一章第5.4節。

先舉一個例。假設我們連接兩個結構 A，B；A的功能一部分通過某種訊號（例如電線上電流的方向和強弱）影響B；在影響下B產生的功能通過某種訊號（可能是另一種途徑，例如空氣聲波的頻率和強弱），也轉過來影響A。那末整個超結構便形成一個反饋系統：A影響B的功能，B也轉過來影響A的功能；A，B兩者作出了「互為因果」的湧現。A，B兩者結構的狀態（甚至可能結構的本身）也都因而改變了。

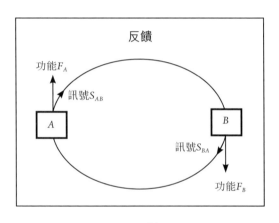

圖1. 反饋。

請注意：A，B之間傳訊，往往要經歷時間的差滯。[36] 反饋的迴環可以經過一連串的結構，也可以只有通道，沒有顯著的中間結構。影響A自己功能的反饋可以叫做「自反饋」。[37] 其實任何反饋都自然地引起自反饋，後者只強調我們主觀興趣的所在而已。我們在本書主要討論的是在生物界和人類社會出現的反饋，它的迴環通常通過兩個或更多的結構。

36 物理學稱之為「時滯」(Time lag).
37 Self-feedback.

反饋作為研究對象開始在電機工程學；在那裏功能通常是輸出（例如播放的聲音）的質素。結構A開始時的輸出，例如音響的強度，直接或間接地改變了自己後來輸出的功能，可能因此達到「合適」的地步。

在1940年代，美國數學家維納尋求人類思考能力的來源，創立了以「反饋」為主要概念的模控學。[38] 他更指出反饋現象絕對不限於電機工程學；它到處重疊出現，往往是複雜系統的一個主要特徵。

我們到處可以觀察到廣義的反饋現象。它出現在不尋常的結構（例如生物與環境），依循廣義的「途徑」（例如大氣和海洋），採取不同形態的訊號（例如食物和排洩物），產生不易測度的功能（例如生物的成長、生態的平衡）。

反饋也常見於人類社會。例如「投桃報李」的回報現象非常普遍；生物學家瑞德理認為這是道德的起源。[39] 回報顯然是廣義反饋的一個簡單例子：在這裏結構A, B是人或團體，廣義的訊號除了實質的桃和李，可以是非盡實質的：鼓勵、責罵、懲罰、關懷、贊賞、教導、學習。廣義的「功能」也可以是非盡實質的聲譽、行為、學識。參與者在實質上、心理上也都會有所改變，可能增加：滿足感、技巧、經驗、和自信心。

4.3. 正、負反饋

在電機工程學裏，反饋的主要作用，在於以迴環的訊號來修改結構A的功能。功能往往可以用一個變數代表（例如房間的溫度 T），若修改的方向（或「正」或「負」）使功能趨向

---

38 維納 (Norbert Wiener 1894–1964)，美國數學家。模控學 (Cybernetics)。
39 見第九章楔子。

於一組預定、有限的「平衡數值」(例如23°C ≤ T < 27°C，這現象便叫做「負反饋」，[40] 例如T <23°C時便啟動熱氣，T≥27°C時便啟動冷氣，室溫便可以維持到25°C左右。

「正反饋」修改的方向與負反饋相反，強化結構迴環的功能訊號，從小到大，趨向失控。歌星手上的微音器與舞台上的揚聲器萬一配合不當，[41] 微音器便收到自己揚聲器的輸出，將它放大，便會發出由低、而高、而尖銳刺耳的噪音；這是正反饋的表現。

我們 (或大自然) 可以預先設計妥當應付之方，例如預設高一層的負反饋機制，改變正反饋系統的結構、或索性命令正反饋系統「中止操作」；否則這正反饋系統便會崩潰；崩潰當然也是中止操作的一種模式。

正反饋使微小的初步影響逐步變大，是大自然正常操作中常見的一環。大自然也有辦法阻止過量的正反饋。例如產婦的陣痛，在嬰兒出生後便自動消失。

5. 生物物種間的共同演化

生物能夠生存，重要的因素是，個體能在不住改變的環境裏，感受環境、改變自己和環境，尋求、而且維持、多方面的平衡。這廣義的「負反饋」叫做「體內平衡」[42]：是自發性自我組織的重要表現。[43]

---

40 平衡數值 (Equilibrium value)，負反饋 (negative feedback)，正反饋 (positive feedback)。

41 微音器 (Microphone，麥克風)；揚聲器 (loudspeaker)。

42 Homeostasis.

43 自我適應 (Self-adaptation)。「廣義的負反饋」可以包含有限度的正反饋，例如人類皮膚受損流血，人體便大量動用血小板來填塞，至血流受到控制為止。在這裏「負反饋」的含義是維持「不出血」的狀態。

生物與環境間的負反饋可以推廣到整個生態系統。[44] 每一生物個體都不斷受環境衝擊，因而改變自己，同時也不斷地影響環境；它的環境顯然包括其他同種或不同種的生物。

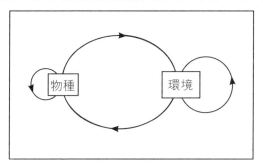

圖2. 物種與環境的共同演化。
請注意物種與環境各有改變自己的自反饋迴環。

所有物種都在「共同演化」，見圖2。[45]「需要自己適應的環境」因此是一個不住改變的目標。每一類物種都以幾何級數的繁殖能力，爭取有限的資源，進行或急、或緩的演化，不適應的便趨向滅亡。看來外在刺激愈大，演化的速度愈高。

本節所討論的主要是物種間的共同演化，其實共同演化並不限於物種，甚至廣義的共同演化也不限於生物。例如在人類建立的社會裏，教育也彌補了大自然演化的不足，協助文化的發揚；我們與我們製造的工具也可以說是在共同演化。[46]

生物物種的共同演化牽涉到許多物種不停的互動。即使在某個生態環境裏只有兩項物種，它們間的互相影響，已足

自發性自我組織見第一章第3.3, 3.5節和第十三章，第2–5節。
44　Ecosystem.
45　動詞：Co-evolve.
46　見第7節 (學習與教育)，第8節 (人與工具)。

以引發延綿不息的共同演化了。圖3用極端簡化的發展形式，勾畫出兩個物種間、共同演化與時間的關係。A_k, B_k 代表在時間t_k的兩類物種；"$\updownarrow$"代表「相互影響」，"$\Rightarrow$"代表「變成」。

共同演化的發展式表示

$$t = t_0 \qquad t_1 \qquad t_2 \qquad t_3 \qquad ，如此類推；$$
$$A_0 \Rightarrow A_1 \Rightarrow A_2 \Rightarrow A_3 \Rightarrow ，如此類推；$$
$$\updownarrow \qquad \updownarrow \qquad \updownarrow \qquad \updownarrow \qquad ，如此類推；$$
$$B_0 \Rightarrow B_1 \Rightarrow B_2 \Rightarrow B_3 \Rightarrow ，如此類推。$$

圖3. 共同演化的發展式表示。

5.1. 軍備競賽

派克教授用「軍備競賽」一詞來解釋寒武紀的大爆炸。這名詞來自上世紀，主要在美國和蘇聯之間，武力裝備的競爭，但已成為生物學的重要概念。在生物環境的盲目演化下，「較優」者得到較高的生存機會。特別的是：物種演化沒有「絕對」的目的，只有「相對的優劣」；但每物種如不力爭上游，便可能遭受淘汰，從地球上永遠消失。

「軍備競賽」其實是多方面的彼此應變。「軍備」一詞未必只代表獵者主動攻擊敵人的能力；也包括獵物的應變能力，例如自衛性的裝甲、棘刺；引開敵人注意力的偽裝；迷惑敵人的躲藏、和拋離敵人的逃命技倆。

有趣的現象是，生物軍備競賽的長遠結果，往往不是一方的絕滅；參與者（包括「獵者」與「獵物」）往往都比以前優越，但物種間的「相對優越」仍然與過去不相上下。

5.2. 共生的模式

軍備競賽之外的共同演化，例子很多，但不易有簡明透闢的解釋。重要的共同演化例子包括下列的幾種共生模式。[47]

表3. 共生的模式

模式名稱	互動性質	解釋
互利共生	＋＋	共生的兩生物個體都彼此得益 (包括體內共生)。
寄生	＋－	生物A寄附在另一種、較大的生物 (宿主) B身體內部或表面，吸取B的養分而生存，B因此蒙受損害。
競爭	－－	雙方都受損害。
偏利共生	＋0	對一方有益，對他方卻沒有顯著影響，例如A利用B的廢料。
偏害共生	－0	對一方有害，對他方卻沒有顯著影響。
無關共生	00	雙方大致上都無益無損。

通常最惹人注目的是寄生 ("＋－"型)。例如病菌在人體內繁殖，引起疾病，肚裏的蛔蟲掠奪人體的養分，令人消瘦。

互利共生 ("＋＋"型) 其實是常見的現象，例如石頭上的地衣通常是菌和藻的互利結合體；[48] 許多大動物也需要消化系統裏的細菌幫助消化，細菌也因此取得養料。最重要的互利共生例子顯然是本章楔子所講已持續23億年的體內共生：不同的生物合作無間，放棄了「自我」的標記，為「大我」作出貢獻，因此也得到生存和繁殖後代的保證。這古老的互利現象顯然值得我們借鏡，作為今天人生處事的指南。

5.3. 白蟻與合作

本章楔子指出：多細胞生物是由億萬個真核細胞組成

---

47 摘自中文維基百科，「共生」條，2014年9月16日，16:26。互利共生 (Mutualism)，寄生 (parasitism)，偏利共生 (commensalism)。

48 地衣 (Lichen)。有些也是菌類和藍綠細菌的共生體。

的；真核細胞是23億年前、原核細胞合作的結果。這些群體
社會的興起、延續、發揚，端賴成員的合作。合作是生物共
同演化重要的一環，可以有許多不同的層次，包括同物種生
物組成的社會和不同物種的互利共生。

我們且以白蟻來為例。以百萬計的白蟻營營役役，維持
整個「大家庭」的繁榮。絕大多數的家庭成員卻是毫無生殖
能力、自己不能產生後代的工蟻。

每隻白蟻靠嚼食木材的纖維素維持生命，但白蟻自己原
來並不能消化纖維素；它要倚賴腸裏的原生生物。[49] 稀奇的
是，後者原來也不能消化木頭；消化的能力來自一種與它共
生的細菌所產生的酵素![50] 更有一樣有趣的現象：這原生生
物身上有許多漾動的長毛；長毛的漾動帶來食物，也幫助這
原生生物的游泳。每一根長毛原來是一整隻螺旋菌！

5.4. 人與細菌的共生

美國國家衛生署 (National Institutes of Health) 自2008年
開始，資助了一個為期5年、龐大的人體微生基因研究計劃
(Human Microbiome Project, HMP)。[51] 2012年6月，研究計劃
公開了初部的發現。[52]

---

49 叫做*Mixotricha paradoxa*。工蟻必須將糞便餵給新生的白蟻，否則後者
肚裏沒有這種原生生物，便會餓死。

50 Cellulase；它可以將木的纖維素化成葡萄糖。

51 見Wikipedia, "Human Microbiome Project" 條，2014年9月18日，13:04。

52 Harvard University School of Public Health press release, "Human Microbiome
Project Outlines Powerful New Methods for Cataloging and Analyzing
Microbes That Play Role in Health and Disease." http://www.hsph.harvard.
edu/news/press-releases/2012-releases/human-microbiome-project.html?utm_
souce=Reeder&utm_medium=RSS&utm_campaign=press-releases

人體內的細胞，[53] 數量約為10^{14}，10倍於人體細胞；它們不同基因的數量約360倍於人體細胞。

研究計劃選擇了242位健康的男女，找尋他們身體內的基因，發現每人體內的微生物都不盡相同；其中350種最為常見。它們遍布整個消化系統，[54] 從牙床到肛門；也遍布女性生殖系統。每人體內的細菌種類、數量、很有差別，而且在同一人體也因時而異；但在人體裏它們幫助人體器官運作，抑制外來病毒入侵的功能卻大致相同！例如，消化系統裏不同細菌分解複雜澱粉；口腔裏不同細菌為自己生存起見，消化簡單醣類；女性陰道裏不同良性細菌協助免疫系統對抗有害細菌。

大致來說，微生物在我們體內滋長，固然繁殖自己的物種，但許多同時也做有益人體的工作。我們待人處事時，能不能先考慮一下合作互惠的可能性呢？

6. 生態循環

地球生物不住與環境相互影響，建立、維持自己體內的秩序。環境所傳給生物的不是抽象的秩序，而是物質和能量。最顯著的傳遞媒介是養料（包括食物，水和空氣）。生物反饋給環境的是廢料（包括廢氣）。生物消化養料，產生能量供應自己，也產生廢料，排出體外，死亡時整個屍體也變成廢料。環境利用能量（主要是太陽帶來的光能），將廢料加工，再變成（可能不同種的）生物必需的養料，周而復始。在

53　計劃採取了鬆懈的「細菌」定義，包括古細菌、酵菌、單真核細胞個體、寄生生物和濾過性病毒。相信可以說人體本身除外，體內帶有基因的生物體都叫當做「細菌」看待。

54　例如人體排出的糞便大部分都是細菌。

整個循環中所當真消耗的，只是能量而已。

最奇妙的廢料還原工作是光合作用。幾乎所有生物都呼吸氧氣，排出碳酸氣作為廢料。但含葉綠素的生物(植物、藻類和和藍綠細菌)吸收太陽的光能，將碳酸氣和水合成醣類，作為養料；而這光合作用所產生的「廢料」，正是排出碳酸氣的生物所必需的氧氣。

圖4描出上述的氧氣循環。地球上的實際氧氣循環其實遠為複雜，在此不贅。[55] 可惜近二百年人類發展工業和運輸，不住燃燒含碳的燃料，產生需要的能量，排出巨量的碳酸氣作為廢料，大大增加了生物光合作用的負擔。

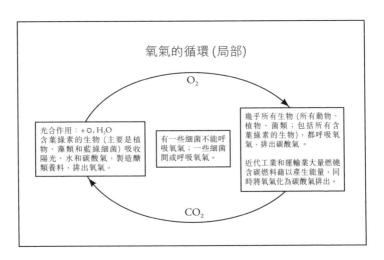

氧氣的循環 (局部)

O₂

光合作用：+ ☼, H₂O
含葉綠素的生物 (主要是植物、藻類和藍綠細菌) 吸收陽光、水和碳酸氣，製造醣類養料，排出氧氣。

有一些細菌不能呼吸氧氣；一些細菌間或呼吸氧氣。

幾乎所有生物 (所有動物、植物、菌類；包括所有含葉綠素的生物)，都呼吸氧氣，排出碳酸氣。

近代工業和運輸業大量燃燒含碳燃料藉以產生能量，同時將氧氣化為碳酸氣排出。

CO₂

圖4. 氧氣 (O₂) 的循環 (局部)。

比較起來，含葉綠素的生物能利用太陽能進行光合作

---

55 例如氧氣在上空產生臭氧層，碳酸氣和鈣結合成為海洋生物的貝殼。貝殼沉澱成為石灰岩。見Wikipedia，"Oxygen cycle" 條，2014年5月5日，12:18。

用，是最基本，最獨立的生物；所有「高等動物」直接、間接，大都倚賴它們生存。[56]

7. 英雄與時勢

一個常見的疑問是

　　究竟是英雄造時勢，還是時勢造英雄？

　　英雄是改變時勢的人物（「因」）；他（她）所改變的時勢當然是「果」。但時勢也是產生英雄的環境（「因」）；時勢所產生的英雄也是「果」。

　　其實這「互為因果」的吊詭不難解答；通常的討論大都有欠完整；主要欠缺的一環是時間的先後。「果」必然出現在「因」之後。

　　因此所有「互為因果」的兩件東西，都受到時間差滯的限制。「改變時勢」與「產生英雄」的工作其實出現在迥然不同的時間。

　　在中國古代歷史裏社會往往有門閥之見，出身卑微的「準英雄」往往難有用武之地；但在動蕩的時代，他們便把握機會「脫穎而出」，建立功業，揚名立萬，改造時勢。一個顯著的例子是秦末地方小吏出身、掃平群雄、建立漢朝的的漢高祖劉邦。

　　所以我們可以說：時勢造英雄；然後英雄塑造出下一階

56　一個例外是在海底噴硫化合物的「煙囪」旁邊，由古細菌支持的生態環境。見第1章第6節。順便一提：筆者不太接受「高等」這形容詞的價值含義，但在這裏也只好隨俗了。

段的時勢。這新時勢未必、但也有可能引出更下一階段的
英雄。

時勢、英雄與時滯

時勢$_0$ $\Rightarrow$ 時勢$_1$ $\Rightarrow$ 時勢$_2$ $\Rightarrow$ 時勢$_3$，如此類推；

英雄$_{0.5}$　　　　　英雄$_{2.5}$　　，如此類推。

圖5. 時勢、英雄與時滯。

8. 演化、學習與教育

8.1. 演化的特點

大自然不停的共同演化除了下面提出的顯著例外，帶來
了今天的生物世界。共同演化有幾個特點：

a. 盲目的演變：生物個體的興衰，只由於環境影響下的
   成敗。

b. 緩慢的過程：物種的改變，需要經歷許多世代，複雜
   生物的一個世代要花好幾年，物種可以看出來的改變
   因此往往以「萬年」計。

c. 先天的遺傳：物種成員都擁有與生俱來的結構與本能；[57]

d. 生態的適應：整個生態系統都在共同演化。在大致沒有
   急劇浩劫的通常場合，局部的演化終於傳遍整個生態。

---

57 Instinct.

盲目的演變和緩慢的過程都是演化重要的缺點。過去好幾次的大絕滅相信都是由於環境的急劇改變，超過了許多生物演化機制的應變能力。

但演化委實多采多姿。在過去的幾次大絕滅裏地球雖屢受重創，但總有能夠應變的品種，成為浩劫的漏網之魚；這些品種在劫後往往大量繁殖，填補大絕滅時出現的局部真空。

8.2. 後天的學習

但除了演化之外，世間有沒有改進生物功能的辦法呢？答案是肯定的。一個非常重要的例子是後天的學習。

學習是生物取得新學問、行為、技術、價值、喜好或了解的過程，往往牽涉到不同形式的資訊的合成。[58] 我們通常認為學習只限於複雜動物；但許多簡單的動物其實也擁有有學習的能力，例如：果蠅的蛆蟲便會學到避免強光。

學習的特點是：

a. 短暫的過程：學習不需要許多世代的漫長時間。

b. 後天的汲取：學習是後天「獲得」的能力，及身而止，不能遺傳到後代；

c. 有目標的傳授：除了每一個體自己主動向環境學習外，通常高等生物需要父母或資深的物種成員指導。例如黑猩猩會教猩猩用石破硬殼果取仁的技術，幼母獅會教幼獅集群狩獵之道。

---

58 Learning is acquiring new knowledge, behaviors, skills, values, preferences or understanding, and may involve synthesizing different types of information. 見 Wikipedia, "Learning"條，2014年9月16日，04:31。

複雜生物、尤其是人類，更有：

d. 溝通的工具：語言、文字、群居習慣、整個複雜文化，都是互相溝通、知識傳授的工具；人類更劃出時間、發展學校作為學習園地，同時教育成群的學生，成績卓著。

因此人類社會更藉教育作為

e. 分工的基礎：學習可以人人有異。人類文化因此能夠栽培多種專家，讓他們分工合作，建立複雜多元的社會、發展絢爛的文化。

9. 人類與工具的共同演化[59]

人類的祖先在演化過程中採納了先天的直立行走技術，發展了大腦，用雙手製造工具、利用工具、改良工具，來應付環境的需要。我們更進一步，發展了「製造工具」的工具。

廣義的工具包括火、家畜、語言和文字；甚至技術、知識、文化，也擁有「工具」的特色：工具主要是人類的產品，也轉而影響人類的生活。我們應付環境的挑戰時，利用後天教育帶來的應變能力，遠遠拋離主要倚靠先天本能的其他生物。我們將先天的優勢通過工具和教育，充份利用，成為萬物的主宰。

工具的使用，是後天學習的一環，但並不需要漫長的演化過程。人類 (H：humans) 運用工具，在解答問題時佔了絕

---

59 請參看第十三章第6節。

對的優先。工具 (T：tool) 雖然沒有生命、不是「物種」，但也被動地、間接地通過人類後天的改良，與人類共同演化。

人類與工具的共同演化

$$H_0 \Rightarrow H_1 \Rightarrow H_2 \Rightarrow H_3 \qquad \text{，如此類推；}$$
$$\updownarrow \quad \searrow \quad \updownarrow \quad \searrow \quad \updownarrow \quad \searrow \quad \updownarrow \quad \searrow \qquad \text{，如此類推；}$$
$$T_0 \qquad T_1 \qquad T_2 \qquad T_3 \qquad \text{，如此類推。}$$

圖6. 人類與工具的共同演化

在今日教育、分工高度發展的工業社會，發明工具的人不必是使用工具的人，也不必是改進工具的人。

電算機是近70年人類發明的新工具；構成電算機的硬件、軟件也可以說是在共同演化。但這共同演化的過程都需要被動地經過人類的改進，實際上我們應該說近大半個世紀人類與硬件、軟件這兩樣「物種」都正在共同演化。[60]

10. 小結：結構、功能與共同演化

我們在本章討論了好幾個粗看起來風馬牛不相及，但其實有一定互相關係的題目：結構與功能、反饋、生物的共同演化、學習與教育和人類與工具的共同演化。每一個題目都跨越好幾門學問，值得我們作深入的探討。本書只能作簡括的介紹，指出它們的重要性和一些有趣的角度。

60 見Wikipedia, Coevolution 條，2012年8月24日，04:38，特別是第4節，
　　"Coevolution outside biology"。

　　全球生態共同演化，息息相關。在人類發展了工具、技術，而且已經獲得毀滅全球的能力。可惜地球生態受到侵犯，同時也不斷萎縮，直接、間接影響人類的未來。我們應該怎樣善用我們先天、後天的優勢，不但發展自己，也同時衛護生態，保障地球的將來呢？。

III

規律與假設

四

阿拉伯全駝宴
略談套疊系統

1. 楔子：全駝宴與俄國套娃

1.1. 阿拉伯王公的全駝宴

　　據説慷慨好客的阿拉伯王公愛用烤全駱駝宴來款待嘉賓。這名饌特別的地方，是多層的架構：用每一層的作料來填滿上一層作料留下的空隙。每一隻動物作料的肚子用小一些的動物來填滿，最小的動物 (鴿子) 內可以填一隻鴿蛋，鴿蛋裏還可以嵌入一顆橄欖，大致如下：

結構	王公喫法
整隻駱駝	拆開駱駝
內填全羊	拆開全羊
內填全鴨	拆開全鴨
內填全雞	拆開全雞
內填全鴿	拆開全鴿
內填鴿蛋	切開鴿蛋
內填橄欖一顆	據説王公本人只喫精華所在：最裏面的一顆橄欖。

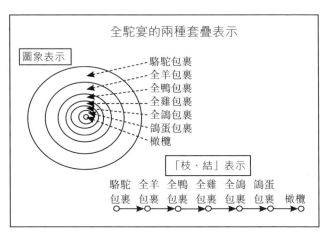

圖1. 全駝宴的兩種套疊表示。

這道名菜的表示可以採用圖1所述的兩種系統表示。[1] 本章下文還會介紹一些其他的表示方式。圖象表示已在第一章介紹過，它直覺上代表「包容」，[2] 清晰明瞭，但動用了不少地盤，而且「包容」不是惟一的、也未必是兩件事物間最重要的關係。

「枝、結」表示用「結」來代表事物，用帶箭頭的「枝」較為簡潔；[3] 它們在直覺上表達着我們常用的「指向」。[4] 枝更可以引申到任何兩件事物間所存在的不對稱關係，例如「父→子」，「巢→卵」。我們也大可以稱「枝」做「箭枝」，強調它的不對稱性，例如：

借問酒家何處有？牧童遙指杏花村。

1　本書只討論由有限數量的單元所組成的有限系統。

2　第一章第2.5節 。

3　枝 (Branch或link)，結 (node)，「枝、結」表示 (node-link diagram) 屬於有向圖形 (directed graph)。

4　A指向B (A points to B)，

牧童放出 (想像中的) 箭枝，指向杏花村。我們更可以暱稱牧童做「射手」，杏花村做「箭靶」。每一箭枝聯繫兩個結。兩支箭更可以串聯三個結：

$$A \to B \to C$$

在中間的B結是箭靶C的射手，也是射手A的箭靶。「射手」「箭無虛發」，放出的箭一定指向一個箭靶，不容「無的放矢」。

1.2. 俄國套娃

圖2. 俄國套娃

　　套娃是俄國的特產。[5] 最外面的漂亮娃娃原來是一個在中間可以掰開的木製空殼，裏面有一個更小的娃娃；⋯只有最裏面的小娃娃才是結實的。精巧的套娃甚至可以有好幾十層。套娃與全駝宴一樣，至少也有兩種表示方式，在此不贅。

5　叫做Matryoshka doll。

最早的套娃出現在1900年左右；靈感來自日本的五層禿頭和尚不倒翁玩具，[6] 有趣的是，據說發明這日本玩具的，竟然是一位旅居日本的俄國僧人。

本章目的在討論 (有限) 套疊系統和它的表示方式。[7] 烤駱駝宴和俄國套娃都描出簡單的套疊系統。我們在本章第3節將會給套疊系統一個正式定義。

2. 系統的兩種主要表示方式：圖象與「枝、結」

2.1.「兼容」與「分支」

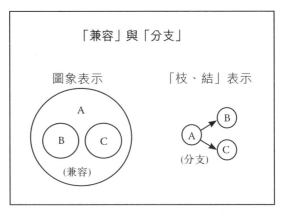

圖3.「兼容」與「分支」。

圖3左邊的圖象一目了然地顯出系統A「兼容」兩個次系統 (B, C)。右邊的「枝、結」表示方式節省了地盤；但沒有顯明地表出「包容」的情狀；我們更動用了「指向」兩次，

---

6 叫做Fukuruma doll，外面是一個禿頭和尚；裏面一層比一層年輕，有頭髮和鬍子。不倒翁是中國唐朝的發明。

7 套疊系統 (Hierarchy; nested system;)。

來表示「兼容」。但「枝、結」表示也自然地表達「分支」的重要概念。「兼容」與「分支」兩種概念，各有直覺的表示方式，看來絕不相關，但卻互相對應，我們因此也大可以採用「枝、結」方式代表「兼容」，或圖象方式代表「分支」。

2.2.「指向」、「枝、結」表示方式

在上面兩種系統的表示方式裏。圖象表示方式需要較多地盤，除了顯明的「包容」概念之外，不易表達其他常見的「不對稱」的關係。[8]「枝、結」的表示方式需要的面積較小。而且往往比圖象表示較能一目了然地達意。

同一種「不對稱」關係往往以多層次的方式重疊出現。例如關涉倫常的一句「A是B的兒女」；兒女的兒女：孫兒女，當然在社會經常出現。學者已為多層次「枝、結」表示方式發展了豐富的語言。簡單來說，

a. 每一條「箭枝」剛好連接兩個結，例如"$A \rightarrow B$"。「射手」A叫做「箭靶」B的「父母」，B同時是A的「兒女」。[9]

b. 若B同時是n支箭的箭靶，則B是一位「n親兒女」。「孤兒」沒有「父母」，是一位「無親兒女」，也叫做「根結」。「單親兒女」剛好只有一位「父母」。沒有兒女的結叫做「葉結」。一個既非根結亦非葉結的結叫做「中間結」。[10]

8　例如相交的兩圓A, B不易解釋；如中間根本沒有圓，則A, B兩位射手都沒有箭靶，是通常不蒙接受的「虛發」。但如中間有任何圓C，則C是雙親兒女。

9　父母 (Parent)，兒女 (child)。

10　孤兒 (Orphan)，根結 (root node)。單親兒女 (Single-parented child)，葉

c. 一個結的n位兒女都是彼此的「兄弟姊妹」。我們因此可以將它們「排序」為1,2,3…n。

d. 若從結P經過一連串m支「箭」才可以到達結Q，而 $m \geq 1$，則P是Q的「祖先」，Q是P的「後裔」。[11]

這些定義用在「枝、結」表示方式可以說是稍為言之過早：往往要在下面「套疊系統」方才可以當真派上用場。例如我們可以寫出一些看來有違「常規」的「枝、結」表示 (一個結可能是自己的祖先)。

3. 套疊系統與樹式

套疊系統是一種遵守明瞭的法則，結構清晰、操作方便的系統。它容易描繪、討論、使用、管理、修改；是人為系統的典範，也是許多自然系統採用的表現方式。例外也未必沒有，但往往套疊系統的制定者已寫明例外的處理方法。例如處理罪犯的法律大部分可說是一個套疊系統，但也有減刑、豁免、特赦的條文。

3.1. 樹式

我們討論套疊系統時，通常採用「枝、結」表示，叫做樹式，簡稱「樹」。[12]

樹式定義：樹式是一個特別的 (有限)「枝、結」系統。它恰好有一個孤兒結，其餘的結都是單親兒女結。

結 (leaf node)，中間結 (intermediate node)。

11 祖先 (Ancestor)，後裔 (descendant)。

12 Tree structure, tree. 見Wikipedia, "Tree (data structure)"條，2014年9月27日，04:52。

我們通常在繪寫樹式表示時，習慣盡可能將「祖先結」放在「後裔結」的上面或左邊，同時省略掉「枝」的箭頭。這些「樹」因此都是「倒栽」或「橫生」的。

樹式與圖象表示

套疊系統的圖象方式定義：一個(有限)套疊系統是由有限數目的圓組成：它恰好有一個包容所有其他圓的、最大的圓(相當於惟一的孤兒結)。所有的圓都不相交(不容多親兒女)[13]。

在表示有限套疊系統時，圖象表示與樹式表示往往一一對應，可以互換，見圖4。當然，用圖象來代表「A 指向 B」，便失去了「包容」的自然直覺優勢；用樹式來代表「A 包容B」，也同樣喪失了「指向」的自然直覺優勢。

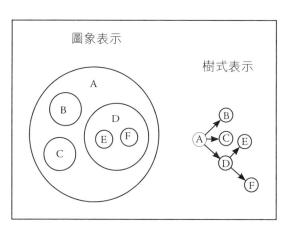

圖4. 有限套疊系統。

但樹式表示與圖形表示有一點重要的不同，在圖形表示裏，每一個父母的多個兒女(兄弟姐妹)都沒有顯然的排列次

---

13 也不容多親的「虛無」兒女(相當於枝、結表示中多位射手但沒有箭靶的「虛發」)。

序，但在樹式表示裏，兒女的排列卻必然有「左右(或：上下)」之分，可以代表我們先前講過的兒女排序，但至少供應了使用者操作的便利；例如檢閱樹式時採用的自然次序往往是：「先左後右」，或「先上後下」。

有限套疊系統只限制每個結的父母數目 (0或1)，而不限制兒女的數目：每一位父母可以擁有多位兒女；每一位兒女也可以擁有多位下一世代的兒女。系統裏唯一的孤兒必然是所有其他結的祖先；所有其他的結都是孤兒的後裔。

3.2. 有限套疊系統的特性

根據上面的定義，我們可以輕易地推論出一些有限套疊系統的重要特性，用常用的樹式語言寫出如下：

不含多邊形

任何兩個結之間的所有箭枝，都不會組成任何 (箭頭方向不拘，但所含的邊可以相交的) 多邊形。(因為多邊形至少必有不容出現的「多親兒女」結。)

唯一通道

任何兩結之間恰好有一條 (箭頭方向不拘的) 通道。(否則系統必擁有多邊形。)

3.3. 套疊系統的層次

套疊系統的一個優點，是「層次分明」：每一個結與唯一的孤兒之間只能有一條通道；在這通道上

〔1＋(中間結的數目)〕結與孤兒間的枝數。[14]

這就是説：在套疊系統裏每一個結都屬於 不含糊的「世代」。這世代在樹式表示裏特別一目了然。一個樹式的最大深度也叫做樹的高度。例如在圖5，

孤兒結A可以説是屬於第0代，深度是0；

B, C, D屬於第1代，它們的深度都是1；

E, F, G, H, I屬於第2代，它們的深度都是2

樹的高度 (等於最高深度) 也是2。

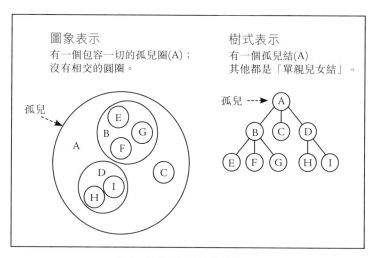

圖象表示
有一個包容一切的孤兒圈(A)；
沒有相交的圓圈。

樹式表示
有一個孤兒結(A)
其他都是「單親兒女結」。

孤兒

孤兒

圖5. 較複雜的套疊系統。

樹的分株和嫁接

一個中間結與它的所有後裔構成一棵未成型的樹，叫做

14　深度(Depth)。其實「世代」(generation) 一詞或更加清晰。

子樹；[15] 若我們剪除這結與它父母的連繫，這子樹便獨立起來自成一樹；我們結果便擁有兩棵再沒有關聯的樹了。同樣，我們也可以在一棵樹A的任何一個結下加接一條「兒女枝」，「領養」另一棵樹B的孤兒，嫁接的結果是一單棵更大的樹；把已往的樹B變成新樹的子樹。

濃縮與含義的探求

我們常常用套疊系統來代表一套複雜概念，每個結也有自己的含義。我們可以依據公認的規條，將一棵子樹用指定的方式濃縮，成為較矮、但仍然代表同一概念的一棵子樹。在逐步濃縮下整棵子樹可以成為單個葉結；這葉結仍然保存當初概念的精髓。我們可以繼續工作，降低整棵樹的高度；當這高度變成0的時候，整棵樹已變成一個孤兒結；所代表的便是原本複雜系統裏隱藏的含義了。

套疊系統的辨認

在任何有限的「枝、結」表示裏

若孤兒結的數目不等於1；

或擁有多親兒女結；

或擁有多邊形；

或任何兩結間的通道不止一條；

則這表示的對象系統必然不成樹式，不可能代表一個真正的套疊系統。

---

15 Subtree.

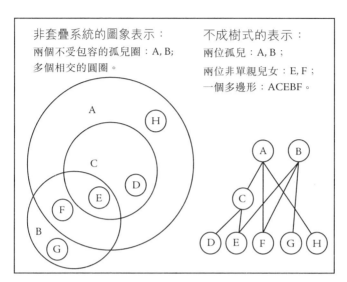

圖6. 層次混淆的非套疊系統。

圖6描述一個非套疊系統。它有2位孤兒，*E*結沒有惟一的深度 (它是孤兒*A*的孫子，同時也是孤兒*B*的兒女)。這個非套疊系統也有兩個非單親兒女*E, F*。

非套疊系統有本身的存在價值，不容抹煞。但我們設計人為系統時，應該盡可能採用簡潔的套疊系統作為出發點。

3.4. 套疊系統的應用

我們往往將事物排列成套疊系統，以便處理；設計、使用和修改。方法大致如下：

a. 排列、分類：將一批事物按品性判斷先後，安排套疊次序，以便隨時參考；也盡量認出相類、但不遵守套疊的「例外」。

b. 尋義：探求層次的來由、隱含的法則、「例外」的解

釋和依據法則簡化的程序、簡化的結果可以說是事物的「含義」。[16]

c. 修改：迴環到上面的 (a) 條，修改已知的系統，符合新的需求。

其實我們在日常生活，特別是作人際溝通時，要求達意，往往已經自然地採用了這種模式。

4. 生物的套疊分類[17]

套疊系統最大規模的應用是在生物學。但生物學同時也顯出：大自然的現象未必一成不變地遵守人為的套疊規則。重要的例外包括所有跨物種的共生現象，例如地衣，都破壞演化樹的套疊，見下面第4.4節。

4.1. 生物命名法

林奈的生物命名法目的在將性質相似的物種歸入同一類別；[18] 將生物物種描成套疊系統的葉結。這命名法原則上已被學界普遍接受。現在比較最通用的生物分類法是烏斯約在1990年提出的3域分類法，將生物劃分為3域6界。[19] 下文第5.3節便採用了這個分類表示方式。

今天命名法的類別從大體到細節，按「深度」次序排列為

---

16 見第5.5、第6節。

17 見Wikipedia, "Biological classification" 條，2014年9月25日，04:07.。譯名請參見維基百科，「生物分類法」條，2014年9月12日， 04:21。

18 Carl von Linné (1707–1778)，瑞典生物學家。

19 已見第三章第2.3節。

域、界、門、綱、目、科、屬、種。[20]

學者更採用「總」、「亞」等詞，作更精密的分類，例如在「綱」之上可以有「總綱」，在「綱」之下可以有「亞綱」。[21]

4.2. 演化樹

生物分類學自然地成為19世紀出現的演化論的基礎藍本，性質相近（例如同「屬」而不同「種」）的兩種生物，很可能都是由一個共同祖先分出來的後代。達爾文更正式用「演化樹」來詮釋他的演化論；[22] 演化樹大致上就是生物分類套疊系統的樹式表示。

演化樹往往將根結放在樹圖的下方，有異於通常樹式的「根上、葉下」的倒栽方式；演化的方向因此是向上發展的。枝葉繁茂的演化樹表示有時也將根結放在圖的中央。

20世紀出現的分子生物學，尤其是「分子鐘」技術，證實了演化論的主要部分，更增加了細節，特別是時間歷程的估計。這估計現在往往表現在演化樹「枝」的長度。現存的所有生物物種大致上都可以用「演化樹」相當於「今天」的一組葉結來代表，相當於「過去」的眾多葉結往往代表已經滅絕的物種。

演化樹上任何一組葉結理論上可以上溯到一個共同的「祖先結」，代表這些物種的共同祖先物種。這祖先物種往往已經滅絕多年，但在化石裏或可以留下蛛絲馬跡。

---

20 域 (Domain)、界 (kingdom)、門 (phylum)、綱 (class)、目 (order)、科 (family)、屬 (genus)、種 (species)。

21 總 (Super-)，例如總綱 (superclass)；亞 (sub-)，例如亞綱 (subclass)。

22 Charles Darwin (1809–1882) 英國生物學家，演化論的始創人之一。演化樹 (Evolutionary tree)。

4.3. 人與黑猩猩

在19世紀的歐洲，世人篤信聖經的創世理論，認為上帝特別造人，高高在上，君臨萬物。達爾文卻宣佈人與猿類同源，引起當時英國社會的軒然大波。但今天除了一些極端保守的創造論派之外，[23] 達爾文的理論已被多數受過教育的人接受了。

分子鐘技術從兩隻生物的DNA相同和分歧之處，可以推論出它們的共同祖宗生存的年代。[24] 這技術顯示人類與黑猩猩約在5百萬年前有共同祖宗；它們與猩猩約在7百萬年前有共同祖宗。

4.4. 演化樹的套疊與實際

地衣

我們的生物世界其實並不完全吻合理想的套疊系統。例如地衣通常不能用套疊演化樹描述，因為它是兩隻不同物種的現代生物：通常是菌類和藻類，緊密合作互惠下的共生體。它們聯繫了演化樹裏的兩個葉結，組成套疊系統所不容的「雙親兒女」。

智人與尼安德圖人

同樣在2010年，古生物學家證實：雖然智人與尼安德圖人的祖宗在約50萬年前應該已經分家，但現在「歐、亞地區的智人」卻擁有1–4%的尼安德圖人血統，可見這兩種人類

---

23 創造論派 (Creationists) 篤信宇宙萬物是由超自然的神創造。在基督教信徒中主要是篤信聖經《創世紀》所有細節文字的人。見維基百科「創造論」條，2014年9月29日，21:54。

24 見Wikipedia, "Molecular clock" 條，2014年8月15日，21:22。

曾經交配，而且產下後代。這種交配在好幾萬年前進行。所
以嚴格講來，智人與尼安德圖人在演化樹上與地衣相類，
製造出了「雙親兒女」。更新分析指出，東南亞和南太平
洋的居民更有4–6%亞洲古人類：來自西伯利亞的丹尼索瓦
人的血統。[25]

20億年前的體內共生

更基礎性的「多親兒女」現象其實早已出現在23億年前
開始的「體內共生」現象，將當時演化樹上的三個葉結(三種
原核細菌)聯繫起來，產生兩種「真核單細胞」生物。[26]這些
單細胞生物一部分演變成今天的「原生生物」，一部分更分
支出三類(真核)多細胞生物：今天的「真菌」、「動物」和
「植物」。

上述的四種生物也許可以說各有自己的套疊演化樹枝、
樹葉；但它們的共同「根部」是兩種或三種原核細胞生物互
惠合作、「體內共生」的結果，呈現出理想套疊系統表示所
不容許的「多親兒女結」。

基因水平轉移

基因可以從演化樹的一片葉子轉移別到另一片葉子，產
生正常套疊系統所不容許的「雙親兒女」；這現象叫做基因

25　有一個時期，一部分智人 (*Homo sapiens sapiens*) 曾與尼安德圖人 (*Homo sapiens neanderthalensis*) 同住西亞 (今天的以色列地區)，「歐、亞地區」
(Eurasian) 的智人約在6萬年前離開非洲。純種尼安德圖人約在27,000
年前滅絕。現代人的第三種主要血統屬於來自西伯利亞的丹尼索瓦人
(Denisovan man)，學名 (Denisova hominin)。見Wikipedia, "Archaic human
admixture with modern humans"條，2014年10月3日，14:14。

26　見第三章楔子。

水平轉移 (HGT)。[27] HGT在高等動物裏罕見，但在細菌域和古菌域裏可說是家常便飯。

今天的細菌互相接觸時，往往自動交換一部分的基因。這工作可能只需幾分鐘的時間，但基因的改變，已相當於高等生物好幾個世代的演化和突變。這現象解釋了為甚麼病菌往往很快就發展出抵抗新藥物的能力：它們在短期內產生許多不同的兄弟姊妹，有些可能抵抗當前的醫藥。

在太古時代HGT更有充份時間出現，而太古演化樹的葉子已變成今天演化樹的根部。這根部肯定是錯雜難分的一團糟。我們現在只能說，演化樹的動物、植物部分大致上可以用套疊系統的眼光來看待；但它們在太古時代形成的根部，我們可以肯定是來自體內共生的基因水平轉移現象。

生物世界與套疊系統

我們從上面的敍述可以看到，純粹套疊的演化樹並不能完全反映大自然的架構。大自然的實際工作具有自己的邏輯，而「套疊」只不過是觀察者簡化下的理想模式而已。我們雖然繼續採用「演化樹」一詞，但應該知道：當真正式的套疊其實是有一定限度的。

5. 套疊系統的常見表示方式

套疊系統的表示方式有好幾種，比較常見的是：圖象、樹式、表格、括弧和文字。[28] 它們各有優點和缺陷：

---

27 Horizontal gene transfer. 見Wikipedia, "Horizontal gene transfer in evolution" 條，2013年8月27日，21:02。

28 我們在本章假設資訊的正規排列，與本書相同，是橫向的。下面的討論在豎向排列制度下應有相應的修改，在此不贅。

表1. 套疊系統的表示方式

表示方式	層次的表示	優點	缺陷	見下文
圖象	包容	直覺表示包容	佔地太廣，少用文字	第5.1節
樹式	枝的指向	清晰表示「不對稱」	佔地頗廣，不純用文字	第5.2節
縮排表列	縮排	清晰、可用文字	每結佔地一行	第5.3節
數碼章節	句號 (".")	清晰、可用文字	通常不超過兩層	第5.4節
括弧	括弧內外	佔地少	括弧種類太過貧乏	第5.5節
文字	標點符號，語法	純用文字	符號不足；有欠嚴謹	第6節

5.1. 圖象表示

圖象表示方式直接採用「包容」來代表系統間的關係，清晰明瞭，「單個無可所不包的圓圈」和「沒有相交圓圈」的套疊概念，真是「可圈可點」。它所能描述的不限於直覺的「包容」，而大可以是樹式、非直覺的的「指向」。可惜這方式佔地委實太多，不適宜用來表示複雜系統，而且不易表達檢閱方便的兒女排序。

5.2. 樹式

樹式較圖形表示簡潔、直率。用樹式來表示的一個系統裏，每個次系統都稱做「結」，圖形表示的「包容」，卻換成比較廣義的「指向」，用枝來代表某種沒有明確寫出的「不對稱」秩序。兒女的自然排序是處理樹式特別的優點。

5.3. 縮排表列式表示

縮排表列式表示是生物分類學常用的方式。它是一棵橫放的樹，每枝都用空隙來代表；每橫行只容納一個結。第 d 代 (深度是 d) 的結前面有 d 個空隙；孤兒結 ($d = 0$) 的前面沒有空隙。

第 d 代的 n 個結通常採取順序排列，但第 k 個結本身的兒女有時也可以優先採用鄰近的空隙排出。

縮排表列式可以用打字方式來表示，一目了然，但每一個結佔了一整行，不算經濟。而且假如空隙的寬度 (d) 超過一行的長度，我們便只好採用特別的表示方式了。

例如我們都是「智人」，屬於生物學的靈長目；隸屬的部門細節如下：

Domain Eukarya	真菌域
Kingdom Animalia	動物界
Phylum Chordates	脊索動物門
Class Mammalia	哺乳綱
Order Primates	靈長目
Suborder Anthropoidea	類人猿亞目
Superfamily Hominoidea	類人超科
Family Homindae	人科
Genus Homo	人屬
Species Sapiens	智人種
Subspecies Sapiens	智人亞種

我們屬智人亞種，與滅絕了約3萬年的尼安德圖人同屬智人種。生物的學名習慣是用拉丁文斜體書寫，包括「屬、種 (和可能的亞種)」，而且「屬」的頭一個字母必用大寫。我們現代人類的學名因此是 *Homo sapiens sapiens*。在第4.4節講過，尼安德圖人與我們有血緣關係；他們的學名是 *Homo sapiens neanderthalensis*。[29]

5.4. 數碼章節式表示

在表列式的表示裏，我們可以改用數碼章節式表示，省

---

[29] 也有學者將尼安德圖人自成一「種」，寫作 *Homo neanderthalensis*；智人的學名便因而寫成 *Homo sapiens*。

去許多表列的左方空隙。這方式用數字和句號代表一個結在
樹式的部位。[30] 例如：

4.3.5可以代表：第1代第4結下的、第2代第3結下的、第3代
的第5結。

句號代表深度層次 (世代層次) 一「代」的增長，句號前
的數字是同一世代中兄弟姊妹的排序。孤兒結 ($d = 0$) 的前面
沒有句號；通常不用特別表示。第d代 (深度是d) 的結前面有d
個句號。往往最後一個句號也可以省略。

讀者通常不接受超過兩層的數字式表示，一個常用的慣
例是，在第3層開始，便改用採用別的方式，例如採用"4.3e"
代替"4.3.5。"

章節式的表示常用在跨越多頁的文章，讓讀者能夠輕易
地看出文章的來龍去脈；本書也採用了兩層的章節表示。這
表示方式顯然不限於橫排，也適用於豎排的文章。

5.5. 括弧算式表示

理論上我們可以用A (B) (C) 來代替圖象表示法裏的「A
包容 (指向) B；A也包容 (指向) C」，如此類推。這就是説，
帶有括弧的直線排列可以表達一個套疊系統，簡潔地代替圖
象表示和樹式表示。我們可以看出：

左括弧的總數 ＝ 右括弧的總數。
根結是屬於第0層的孤兒，本身通常不用括弧。

---

30 句號 (Period, ".")。

若Q結左邊有j個左括弧，k個右括弧，則Q結的深度屬於第 (j-k) 層。

葉結不包含任何 (左或右) 括弧。

但實際上這種純用單種括弧的表示方式幾乎沒有人採用；問題可能是：假若形狀相同的括弧太多，看起來固然不方便，用起來也很容易出錯。

數學的括弧算式接近純括弧的表示方式；它通常代表一個套疊系統，讀者運算時依據已知的規條，逐步將樹濃縮，結果化成一位孤兒，代表算式的答案，也可以説是原本套疊系統所蘊藏的「意義」或湧現特性。

但數學的括弧算式採用混雜的符號，有欠簡潔，而且要依賴「習定俗成」但沒有明確表明的運算次序。[31] 把隱藏的次序變成嚴謹劃一的表示方式往往要加用括弧或新的、往往被視為累贅的符號。

例如

$[-b + (b^2-4ac)^{1/2}] / (2a)$

是$ax2+ bx+ c = 0$方程式的一個根 (x_1)。這算式是一個套疊系統。根的數值是方程式的湧現特性。假如$a = 1, b= -1, c = -2$，則

$$x_1 = [-b + (b^2-4ac)^{1/2}] / (2a)$$
$$= \{1 + [1^2 - 41\times (-2)]^{1/2}\} / (2\times1) = \{1 + 9^{1/2}\}/2 = \{1+3\}/2 = 2$$

我們當初寫公式時用了兩種括弧，展開時用了三種：「{},[],()」；實際上我們除了遵守括弧所代表的規則外，也用了

---

31 Order of operations.

先指數、繼乘除、後加減；

倘仍有含糊，則從右到左運算。

的運算次序。[32]

　　上面的數學公式可以用圖7的樹式表示：這是一個七層的樹式套疊系統 (從x_1到c)。所有「葉結」都代表數字；所有「中間結」都代表一步簡單的運算。

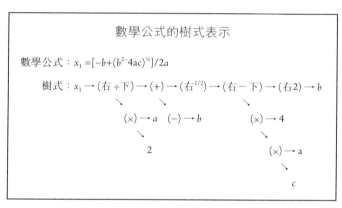

數學公式的樹式表示

數學公式：$x_1 = [-b + (b^2 - 4ac)^{1/2}]/2a$

樹式：$x_1 \rightarrow$ (右÷下) $\rightarrow$ (+) $\rightarrow$ (右$^{1/2}$) $\rightarrow$ (右－下) $\rightarrow$ (右2) $\rightarrow$ b

(×)$\rightarrow a$　(－)$\rightarrow b$　　(×)$\rightarrow 4$

2　　　　　(×)$\rightarrow a$

c

圖7. 數學公式的樹式表示

　　理論上我們可以完全不理運算次序規條。所有運算都可以採用同一種括弧：

$$x_1 = ((-b) + ((b \times b) - ((4 \times a) \times c)^{1/2}))) / (2 \times a)$$

這公式讀起上來非常困難；但反過來說，若我們現在只採用不同

32　見Wikipedia, "Order of operations"條，2014年9月23日，23:22。請注意！
　　該條第1.2節："Exceptions to the standard" 指出許多學術組織和科學家都
　　提倡「先乘後除」；因此$q/2a = q/(2a)$，而不是$(q/2) \times a$。

的括弧來表示不同的次序，總共便需要好幾種不同的括弧了。

6. 語言文字作為不完全的套疊

6.1. 語言文字的通順問題

上一節已指出，數學套疊系統採用相當複雜的一套表示方式。數學是一種語言，所以我們可以說，在一篇文章裏每個句子應該代表一個正常的套疊系統，而「語意」則是根據文法、循序簡化句子所得到的單個孤兒。

但語言文字通常都沒有下列表達方式的優點：它

沒有：圖象表示方式裏顯明的「包容」；

沒有：樹式表示方式裏顯明、代表指向的「枝」；

沒有：表列式裏顯明的「縮排」；

沒有：章節式裏用句號標出、顯明的「數碼段落」；

沒有：算式裏的「括弧」和執行次序的法則。

它有的只是標點符號、一些鬆懈的文法規條、和老師講述的一些、從「通順」到「不雅」、「不妥」、「拙劣」到「不通」的例子。口語更連標點符號也沒有。

大致上來說，通順的句子往往擁有清晰的含義，這些句子往往包含正確地套疊的系統。而「不通」的句子往往含糊不清、而含糊的原因往往正是「不完全的套疊」。「不雅」、「不妥」、「拙劣」的句子往往含有正確、但重複或令人厭倦的、「臃腫」的套疊。請注意！不同的語言可能有很不同的傳統看法。[33]

---

33 本文所討論的套疊，主要依據中文、英文的傳統。

6.2. 標點符號

理論上，文字的標點符號可以具有「括弧」的功效。有標點符號的文章大致上可以表達系統的套疊情況。尤其單、雙兩種引號

「」和『』；或""和''；

都有顯著的括弧功用。我們通常也可以認為

句號：「。」、驚歎號：「！」、問號「？」

每個都可代表某種括弧的後半；它們之後的地方，假如還有文字，往往可以猜做新括弧的開始。

但上述三個符號與引號的結尾（或前或後）緊接出現時可能引起不必要的誤解：右括弧太多了。一個簡單有效的看法是：在那時只接受引號所表示的單個右括弧。[34]

口語完全沒有標點符號，但語氣和採用的字眼往往可以代表一部份標點符號，特別是驚歎號和問號。

6.3. 語意的含糊

不但括弧代用品的使用帶有含糊，而且在許多語言裏，被認為通順的句子的語意本身其實也有含糊不清之處。一個著名的英文例了是：

The Queen of England's power

---

34 單、雙引號仍代表兩套括弧。

這片語究竟代表 (The Queen of England)'s power 還是 The Queen of (England's power) 呢？英文老師說，後者 ((英國的國力) 的女王) 半通不通，應以前者 ((英國的女王) 的權柄) 為是。

6.4. 中文的「的」字[35]

白話中文也有相類的含糊例子。在白話文裏最常用的是「的」字，出現率佔了4%，而可以代用的字，除了文言化的「之」字之外，幾乎沒有。

趙元任指出：[36]「好的學生的宿舍」一辭語意含糊。意思究竟是「((好的) 學生的) 宿舍」還是「(好的) ((學生的) 宿舍)」？解決的辦法是丟掉一個「的」字：

好的學生的宿舍：語意含糊。

好學生的宿舍：((好的) 學生的) 宿舍；專為優才生而設。

好的學生宿舍：(好的) ((學生的) 宿舍)；美輪美奐的建築。

好學生宿舍：語意含糊。

還有一樣：「的」字在一句裏，無論用途，通常不應該出現超過兩次，且看下句：

使用「的」字超過兩次的句法的確是無法忍受的。

---

35 摘自陳天機：《天羅地網：科學與人文的探索》(香港：Oxford University Press, 2008，第六章：〈一語中「的」；漢語白話文語法管窺〉，第107–122頁。

36 趙元任 (著)、丁邦新 (譯)：《中國話的文法》(增訂版)(香港：中文大學出版社，2002)，第152–159頁。趙元任 (Yuen Ren Chao, 1892–1982)，中國語言學家。

7. 小結：套疊系統與人類文化

我們從阿拉伯王公的全駝宴和俄國的套娃、談到生物的分類、數式的運算、「語意」的表達，到處都看到套疊系統的影子。

套疊的概念統一了許多不同領域的天然、人為系統，它條理分明、 容易操作，不易出錯；它的確是人智的偉大結晶，許多人為系統設計的典範 ，也是許多複雜事物簡化工作的理想目標。

但套疊系統不能代表所有系統。大自然的生物已有多種顯著的例外。人為系統受着傳統表達方式限制，也未必一定能夠達到「純套疊系統」的境界。

許多科學家 (例如諾貝爾得獎者費曼) 都説，[37] 他們在得到答案之前要靠猜想。得到答案之後，要證明、解釋、告訴別人，方才採用有系統的操作方式。

人類智慧操作的漸近，是「聯想」。看見A，頓然想起和A有關、而且與正在思索的問題有關的B。與聯想相似的、系統化的工作是：看見A，帶出一套 已知和A有關的$\{B_k\}$、作為幫助聯想的工具。這理想的漸近是電算機科學裏的「超連結」，[38] 也是「枝、結」表示方式「指向」的廣義、多層應用。

「超連結」用家的興趣，不在系統化的「樹式」。而超連結的實際使用範疇，絕對不是一棵「樹式」所能包容，但「超連結」的全球性實踐，例如「互聯網」和「萬維網」，[39] 需要在用家背後動用大量跨國的資源，作系統性、精密無誤

---

37 理察 · 費曼 (Richard Feynman1918–1988)，美國物理學家，曾獲1965年諾貝爾物理學獎。

38 Hyperlink.

39 互聯網 (Internet) ，萬維網 (World Wide Web)。

的操作。在這裏我們可以看到「用家」和「供應者」的分
野：用家喜歡追隨意之所之。「供應者」卻要盡量倚賴穩紮
穩打的無誤邏輯。

套疊系統容易讓我們按部就班、有條不紊地操作，可能
是溝通的典範，整理思考的工具。但未必是解答問題、取得
答案的泉源。人類的智慧操作，往往不是「套疊系統化」、
甚至「系統化」的。

甚至套疊系統也不能代表所有的重要系統。一個顯著的
反例就是有性生殖生物的家譜（世系表）。既然每一個體有兩
個父母（一個父親，一個母親），它肯定不是「單親兒女」，
顯然全面性的家譜不可能用套疊系統來描述了。

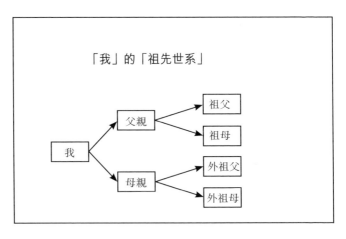

圖8.「我」的「祖先世系」。

雖然如此，我們仍可以分別寫出父系家譜和母系家譜作
為套疊系統。另外一個有意義的做法是，只討論個人（例如
「我」）的由來。有趣的是，這表示方式竟然是一個標準的樹
式，但「我」在這裏卻是「父親」和「母親」的「父母結」！

五

臭皮匠的智慧
湧現特性與數學

1. 楔子：臭皮匠與諸葛亮

1.1. 古老的成語

有一句發人深思的古老成語：「三個臭皮匠，一個諸葛亮。」

這成語的意思是，在互惠合作下，三位臭皮匠的綜合智力竟然有如一千七百年前、三國時代的智多星，蜀漢丞相諸葛亮。[1]「一個諸葛亮」的智力，因此可以説是「三個臭皮匠」所湊成的系統的湧現特性。

1.2. 成語背後的數學

條件的整齊表列

我們且嘗試用齊整的表列方式來表達這成語的含義。假設每位臭皮匠的基本智力都是1個「臭皮匠單位」(例如智商只是平凡的100)，而絕頂聰明的諸葛亮的智力是每位臭皮匠的智力的9倍 (智商是驚人的900)。我們用x代表臭皮匠的數目，y代表x位皮匠的綜合智力，則表1列出成語所蘊含的條

---

1 181–234.

件：$x = 0, 1, 3$時，一一對應的y值是 0, 1, 9。

表1.「臭皮匠」成語所蘊含的條件

x	y	解釋
0	0	如沒有臭皮匠，則沒有智力；
1	1	1位臭皮匠只有1位皮匠的智力：
3	9	3位合作的臭皮匠卻擁有9位臭皮匠的智力。

二次公式顯示出非線性

我們嘗試用二次方程式來代表這「臭皮匠現象」：

$$y = ax^2 + bx + c \qquad\qquad 公式\ (1.1)$$

這公式含有3個待定的「參數」：a, b, c；循序代入上述數值後，我們輕易地解出：$a = 1, b = c = 0$; 因此在3位臭皮匠合作下湧現的綜合智力可以用下式表示：

$$y = x^2 \qquad\qquad 公式\ (1.2)$$

公式 (1.1) 在理論上可以包容直線 (假如$a = 0$)。但算出來的公式 (1.2) 卻含有x的2次方 ($a = 1$)，在解析幾何裏代表一條拋物線，絕非直線。

其實許多公式都能夠滿足表1所列出的3項條件；[2] 但其中竟然沒有一條是代表直線的一次方程式。一次方程式屬於「線性」數學；但「臭皮匠」合作下所湧現的智力，根本不能用直線來描述；它肯定是「非線性」的表現。

2　例如$y = (x^3 + 3x) / 4$ 或 $y = -x / (x - 4)$ 都滿足表1，但都不代表直線。

1.3. 從觀察推論出問題的非線性

　　我們面對問題時，往往習慣機械性地代入公式，算出答案，而不常採取「高層」的鳥瞰觀點，考慮公式的含義，甚至當真運算的需要。其實我們單憑觀察表1，不須作任何計算，已經可以決定上述「臭皮匠問題」是否屬於非線性了。表1的頭2行數字告訴我們，通過 (0,0) (1,1) 兩點的直線方程式是 $y = x$。這直線顯然不能通過已知的第3點 $(x, y) = (3,9)$。既然直線是不可能的事，表1所描述的便必然是非線性的現象。

　　「臭皮匠問題」也順帶指出：中、小學程度數學的活用，已經足以解決許多常見的重要數學問題。本章的一個目的在揭開湧現特性傳說中的神秘面紗，作為了解全書理論的關鍵，更擴張湧現的分析到常見、但少人討論的「質變」領域。

2.「線性」與「非線性」

2.1. 直覺下的線性假設

因、果成比例的直覺假設

　　我們處事時往往直覺地假設：種下的「因」與收獲的「果」成正比例：[3]「因」(自變數，x) 若加倍，則「果」(因變數，y) 也照着加倍。換句話說，我們假設：

$$y / x = b ; \qquad \text{這就是說 } y = bx \qquad \text{公式 (2.1a)}$$

3　在數學公式 $y = f(x)$ 裏，x 是自變數 (Independent variable)，可以稱為「因」；y 是) 隨着自變數而改變的因變數 (dependent variable，可以稱為「果」；本章所討論的「因、果」未必有明顯的時間「先、後」的含義，也不涉及第七章第3節裏所談，「因果律」普遍存在與否的討論。

在平面解析幾何裏，這公式代表一條通過原點 (0,0) 的直線；它的斜率是不變的 $y / x = b$。

退一步的直線假設

但現實的「因」與「果」往往不成理想的比例。我們面對這不符理想的情況，往往便退一步，認為：「因的更改」與它所引起的「果的應變」依然可能成正比例：

$$y = b x + c \qquad\qquad 公式\ (2.1b)$$

公式 (2.1b) 代表一條未必通過原點的直線：$x = 0$ 時，$y = c$。這直線上的任意兩不同點 (x_1, y_1) 與 (x_2, y_2) 遵守下列的條件：

（「果」的應變）／（「因」的更改）$= (y_2 - y_1) / (x_2 - x_1) = $ 不變的斜率 b。

公式 (2.1b) 包含公式 (2.1a) 作為 $c = 0$ 的特例，是在二維空間裏最廣義的直線方程式；它代表直線的數學：「線性」數學。假如我們所面對的問題只需要滿足2項獨立條件，[4] 我們便可以考慮採用直線公式 (2.1b)，並且尋找它所牽涉到的2個參數 (b, c) 了。

「非線性」的數學

但假如我們需要同時滿足3項或更多的獨立條件，直線公式便肯定失效了！不遵守直線公式的數學，是「非線性」的數學。

4　在採用解析幾何的語言時，平面上的每一點可以代表一項條件。

2.2. 結構內部不同性質的相互牽制

　　一個系統結構內部的種種性質往往以非線性的形式互相牽制。且以一個半徑為r的圓為例：

圓周：$C = 2\pi r$

面積：$A = \pi r^2$

　　若我們更改半徑r，但仍然要保留「圓」的形狀，圓周和面積便也必相應改變。但變的方式很有不同。C是半徑r的「線性」函數，在這裏與r成正比。但圓面積A與 r^2，而不與r本身，成正比例；廚師若要烤一張半徑2倍於常規的意大利圓薄餅，[5] 便應該準備 2^2=4 倍於常規的作料了。圓面積A既然不能用r的直線公式表示，它肯定是r的非線性函數。

2.3. 結構影響下的功能

　　一個系統的功能可以說是以結構作為「因」所引出的「果」。這果往往以非線性的形式出現。

　　1903年，美國萊特兄弟發明了飛機。[6] 他們的飛機有一上、一下兩隻固定的機翼，[7] 後來市面更出現過三翼、四翼的機種。以同一機翼的大小計，雙翼機的總翼面積雙倍於單翼機。機翼的生產成本，即使不計兩翼間的支柱，已約為單翼機的兩倍了。

　　我們知道沒有機翼則沒有升力。[8] 我們可以說單翼機擁有

5　Pizza.
6　Wilbur Wright (1867–1912) , Orville Wright (1871–1948).
7　每「隻」機翼相當於飛鳥、昆蟲的一「對」翅膀。
8　升力 (Lift)：在飛機前進時產生，使它升空不墜的力。見Wikipedia "Biplane"條，2014年8月17日，07:09.

L單位的升力。假如升力 y 與翼數 x 成(線性的)「正比例」，雙翼機的升力看來應該是$2L$才是；但實際上它只有$1.2L$！可見我們常用的「線性」假設，在這裏是站不住腳的。

雙翼機不但升力不如理想，飛行時引起的空氣阻力更大於單翼機。自1930年代後期開始，所有飛機都只用單翼了。

3. 揭開名言的面紗

3.1. 亞里士多德的名言

古希臘哲學家亞里士多德發表過一句謎樣的名言：「整體大於其各部分之和」，[9] 他是系統學的先知。近代系統學家更愛說 "$1 + 1 = 3$" 作為湧現的特色。

粗看起來，兩句名言都好像有違數學的基礎原理。但我們應該把它們解釋做

整體所產生的效果大於其各部分的成本之和。

我們將會看到：線性數學不能解釋這現象。湧現特性的數學，原來正是非線性的數學。

3.2. 3項條件

我們可以將某一整體在心目中分成 x 個大小相同的「因」(顯然x必為正整數或0)，再觀察這些「因」在互動下所得到的湧現特性：「果」(y)。

與我們在上面處理臭皮匠格言的方式一樣，我們要求一條能夠滿足3項獨立條件的公式，見表2。我們先試用上述

9　已見第一章第2.3, 3.2節。

「不作運算，只憑觀察」的方法來判斷這互動現象的線性：

表2. 亞里士多德名言所蘊含的獨立條件

x	y	解釋	線性假設的成效
0	0	無因 (x) 則無果 (y)；	曲線通過原點 $(0,0)$。
1	1	單因沒有「互動」，產生單個同樣的果；	$(0,0),(1,1)$ 已經可以決定直線 $y = x$。
≥ 2	$> x$	$x \geq 2$個部分的互動，效果大於x。	上述直線無法通過 $(x_3 \geq 2, y_3 > x_3)$ 因為 $y_3 \neq x_3$。

我們通常直覺上假設的線性數學，在這裏竟然完全失效！我們別無選擇，必須採用非線性數學了。

3.3. 非線性的答案

簡單的2次曲線

$y = ax^2 + bx + c$ 含有3個我們可以決定的參數 (a, b, c)，輕易地滿足表2提出的三項條件。算出來的答案是：

$$y = (a\,x - a + 1)\,x, \quad a > 0. \qquad \text{公式 (3.1)}$$

這方程式不可能用直線代表；它是一條拋物線。[10] 系統學家賣弄玄虛的特例 "1 + 1 = 3" 在這裏相當於 $a = \frac{1}{2}$：

$$y = x\,(x+1)\,/2 \qquad \text{公式 (3.1a)}$$

---

10 這答案也同時證明表2裏的3項條件果真是獨立的，否則算出來 x^2 的系數 a 便自然是0。順便一題：在亞里士多德的名言裏，x 只限於正整數或0；但公式 (3.1) 其實也適用於表1容許的任何 x 值。

公式 (3.1) 是唯一能夠滿足亞里士多德名言的普遍二次公式；但正如楔子的「臭皮匠」問題一樣，許許多多其他公式也都可能是答案。其實採用那一條特例公式並不重要；我們必須了解的是：所有這些公式，毫無例外，都必然屬於有違我們直覺假設的非線性數學。

滿足兩項獨立條件的也未必是直線

假若我們只需要滿足2項獨立條件，所面對的現象是否肯定是線性的呢？仍然未必！

我們只需要舉出一個反例：當 $x=0$ 時 $y=0$，$x=3$ 時 $y=9$。直線答案 $y=3x$ 固然滿足這些獨立條件，但非線性的「有理式」$y = x / (x-8/3)$ 竟然也是答案！[11]

這就是説，我們使用本節所講的多項式技術在找出2次或高次公式時，的確可以保證現象的非線性 (表2中的3點肯定不在同一直線上)，但如找出的只是1次公式時，我們仍然未能斷定現象是否線性！因為現象可能牽涉到其他因素，也許根本不應該用多項式來表示。

3.4. 擴充亞里士多德的名言到「減值」現象

亞里士多德的名言只涉及湧現特性「增值」的一面。但非線性的「減值」雖然未必令人開心，又何嘗不是系統的湧現特性呢？

幸好我們只須將表1修改成

在任何 $x \geq 2$ 的場合，$y < x$。

---

11 有理式 (Rational formula)。

公式 (3.1) 只需要作輕微的修改：

$$y = (a\,x - a + 1)\,x, \qquad a < 0. \qquad \text{公式 (3.2)}$$

前面所講的機翼設計，在機翼數加倍下，升力並不加倍，而只是單翼升力的1.2倍，正是佳例。[12] 符合三個條件 $(x, y) = (0,0)$, $(1,1)$, $(2, 1.2)$ 的二次公式是

$$y = -0.4\,x^2 + 1.4\,x. \qquad \text{公式 (3.2a)}$$

我們更可以合併公式 (3.1) 與 (公式 3.2)，得到

$$y = ax^2 + (1-a)\,x, \quad a \neq 0. \qquad \text{公式 (3.3)}$$

公式 (3.3) 說，在任何 $x \geq 2$ 的場合，湧現的效果 y 都不等於成本 x；這是亞里士多德名言的簡單引申：

成員互動下的「整體效果」不等於所有「部分成本」之和。

下文將指出，這名言更可以有進一步的引申。

4. 原子彈與臨界效應

上面提出，在「因」方面「量」的增減可以引起「果」方面「量的應變」，這是亞里士多德名言的引申，也的確是湧現的一個特徵。

---

12 筆者感謝王永雄博士指出機翼數目與名言引申的重要關係。

但「因量」的增減往往也會突然自動引起「果」方面的「質的應變」：「質變」；亞里士多德的名言顯然又需要進一步的擴充了。

4.1. 原子彈的引爆

1945年8月，美軍在日本上空投下了兩枚威力亙古未有的原子彈，促使了日本投降，結束了第二次世界大戰。

在大戰期間，德國科學家也有發展原子武器的計劃，[13]但他們根本沒有想出可行的引爆方法。戰後他們的發言人海森堡企圖掩人耳目，反而宣稱他們的原子能計劃從來沒有考慮過軍事用途。[14]

引爆原理：「臨界質量」

美國原子彈的引爆原理奇為簡單，只要將一塊（常態的）「核分裂物質」（鈾235或鈽239）射向另外一塊，[15]藉以達到、或超越某個已知的「臨界質量」，便自然引起爆炸了。[16]德國科學家誤以為這臨界質量是不合實際的幾十噸或至少好幾噸；但正確數字竟可以低至10公斤。[17]

我們且簡略地介紹原子彈臨界質量所引起的物理效應。一些「可核裂變物質」會自動產生「核裂變」，[18]將一部分

13 Jonothan Logan, "The critical mass," American Scientist. Volume 84. Sigma XI–The Scientific Research Society; May 1996. 重刊在http:// www. omnilogos.com/2012/03/05/the-critical-mass

14 Werner Heisenberg (1901–1976)，德國理論物理學家，曾以量子理論獲1932年諾貝爾物理獎。

15 鈾235：鈾的同位素$^{235}_{92}U$；鈽239，鈽的同位素$^{239}_{94}Pu$；兩者都是常用的核反應原料。

16 Critical mass.

17 鈾235的臨界質量是52公斤；鈽239的臨界質量只是10公斤。

18 可裂變物質Fissionable material；核裂變（或核分裂）nuclear fission.

原子一分為二，同時釋放出中子。這些中子可以進一步引發出下一步的核分裂，但在物質常態情形之下，它們通常未到引發階段之前便已經被附近的環境吸收，不會產生宏觀的作用。但若我們改變「可核裂變物體」的大小、密度、純度、形狀或環境，達到、或超過某個臨界數值，那末平均1顆產生的中子在被吸收之前便會產生超過1顆中子，引發出 可持續的 「核連鎖反應」。[19] 這逐步強化的「正反饋」使中子的總數量在一瞬間趨向無窮，一部分物質便引起核爆炸，轉化為龐大的能量了。[20]

簡單地説，假如某種核原料的臨界質量是x_c，而在某一容器之中只放有1塊質量等於x 的原料，而且x小於 x_c，則原料不致自動爆炸；但如這一塊原料同時不小於$x_c/2$，這就是説

$$x_c/2 \leq x < x_c，$$

則假若我們將2塊這種原料互相衝擊，同一容量之中核原料的質量便會達到$2x \geq x_c$，引起核爆炸了。

戰後的科學家更發展和平的原子能工業，控制中子的數量和速度，在未到臨界質量的情況下產生可用而且經濟的熱能。

4.2. 階躍函數

我們用x代表特性可以控制的的某一數量 (例如上述核原料的質量)，同時用y代表x更改下所引發的現象。當x趨於、但未達到某「臨界數值」x_c (例如質量仍然低於臨界質量)

19　Sustainable nuclear chain reaction.
20　關於質、能的互換原理見第七章第3.4節。

時，[21] 現象y持續不變，可以用數字0來代表。但若x達到了臨界數值，則現象y突然產生性質上的應變：「質變」(例如核爆炸)。質變後的y也可以用另一有限數值，例如1，來表示。

圖1顯出x以「增值」的方式趨向臨界數值x_c，描出一個台階，在數學上叫做「階躍函數」。[22]：

$$x < x_c, y = 0; \quad x \geq x_c, y = 1 \qquad \text{公式 (4.1a)}$$

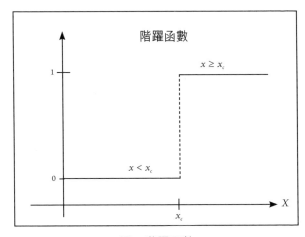

圖1. 階躍函數

階躍函數不是一條直線；也不是一條平滑的曲線；它由2條不連續的半直線組成，是一條擁有「非線性」的「曲線」。

$$x \leq x_c, y = 1; \qquad x > x_c, y = 0 \qquad \text{公式 (4.1b)}$$

---

21 臨界數值 (Critical value).

22 Step function. 這函數有「逐段等值」(piecewise constant) 的特性。我們這裏的單階函數是由不連續的兩條線段組成：$x < x_c, y = 0$；$x \geq x_c, y = 1$. 請注意在$x = x_c$時，y只有一個數值 (= 1)。

同樣，可能在有些現象中當 x 走向相反方向的「減值」

$$x \le x_c, y = 1; \qquad x > x_c, y = 0 \qquad \text{公式 (4.1c)}$$

也可以引起質變。一個簡單的例是水溫的低降觸發出冰的形成。

4.3. 臨界效應

我們在本節主要討論的是臨界效應：在「因」數量的更改下所觸發的質變。最容易討論的臨界效應可能是「扛鼎」。若要 n 個人才可以把鼎抬起，「巨鼎離地」便顯然是扛鼎人數增加下引起的「質的應變」了。又例如「集腋成裘」：多隻狐狸腋下的皮 (用針線) 縫起來可以變成一件美觀的名貴大衣，少了一塊便不美觀，也未必能禦寒。今天狐裘已少見，但用碎花布綴成的「百家衣」是有趣的民間藝術產品；但若少了一塊花布，便不能達到預期的效果。

表3列出了一些重要或常見的臨界效應。現實的環境往往比所顯示的情形更為複雜，例如水的「固、液、氣」態的改變，其實牽涉到氣壓；我們假設的是「常壓」：一個標準單位的大氣壓力。更重要的是，臨界效應往往並不突然冒現，而可能要經歷一段在表3沒有直接標明的時間；在質變前後，x 可能要經歷一個調整的階段，在這階段裏 y 也可能經歷多層、複雜的演變。我們並不打算討論這些細節；但關於一些重要的臨界效應，例如「生」、「死」、「革命」我們因此只能在這裏作極端簡略的敍述了。

表3. 臨界效應：量變引發的質變

範疇	臨界效應	量變變數x和趨向	質變的性質y	註釋
日常經驗	扛鼎	人數由0→n	坐地→離地	抬重鼎需要n個人協力
縫紉	狐裘	綴縫起的狐皮塊	可以蔽體禦寒	
物理	冰的熔化	低溫 0ºC	固態→液態	
	水的氣化	室溫→100 ºC	液態→氣態	與冰的熔化形成「3級階躍」
	磁鐵失效	室溫→770 ºC	磁性→無磁性	
	臨界質量	核分裂物質的質量→臨界質量	常態→核爆炸	原子彈引爆原理
	氫分子形成	兩顆氫原子距離降至1.48Å	氫分子的形成	距離降低引起質變 (1Å = 10^{-8}厘米)
天文	恆星的形成	微塵球的半徑縮至臨界值	出現核反應，發熱放光	有規則地化質量為能量
	超新星	重恆星的能源趨向枯竭	星體突然收縮，引起爆炸	屍骸可以形成下一代的恆星
生物	無性分裂	細胞自動拉長	1分為2	變成兩個相同的細胞
	死亡	生命指標趨向靜寂	生命終結	新陳代謝是高等生物的重要生命指標
	志向行為	生物趨達目標	身、心滿足	自由意志的表現？
社會	糧食的供求	糧食「需求」越過「供應」	社會常態→饑饉	馬爾薩斯人口論預言的規律
革命	(民不聊生？社會失衡？)	新秩序出現		或需要漫長或多層的質變

4.4. 化學反應

我們可以用非線性數學來處理因的增減所引起果的「量變」，和在臨界效應裏「質變」的湧現。但我們討論「質變」的原因和細節的描述時，數學已未必是最合適的工具了。

在日常生活我們經常看到、經歷、而且製造「質變」。複雜性科學家米哲爾的兩個兒子在廚房將小蘇打與醋混合，產生爆炸，放出碳酸氣。[23]

$$NaHCO_3 + CH_3COOH \rightarrow NaOH + CO_2 \uparrow$$

---

23 Melanie Mitchell (米哲爾), *Complexity, a Guided Tour*, p.23.

這是質變的佳例。我們且擴充第一章講過的一句：[24] 許多物理現象、所有化學反應、都是湧現！生物的代謝更牽涉到多方面、連續不息、往往帶有多重反饋的化學反應。

5. 小結：量變、質變與非線性數學

系統科學家故弄玄虛，用"1 + 1 = 3"來描述湧現特性；這警句是亞里士多德名言：「整體大於其各部分之和」的特例。我們揭開了這兩句名言的神秘面紗，顯露了它們共通的非線性數學基礎。我們也輕易地處理了名言沒有提及的「整體可以小於其各部分之和」，作為湧現的非線性數學詮釋。湧現的數學是非線性的數學。

假如「果」的改變只限於「量」，仍然不能囊括常見的湧現。一個系統可以冒現出單靠數量仍然不能合適地表示的「質變」，令人刮眼相看。臨界效應便是「量的增減」所引起的「質變」。不但如此，所有多單元所引起的「質變」都是湧現。我們可以接受兩位學者字眼上巧妙的修改，將「大於」改成「有異於」：

整體竟然有異於部分之和。(美國生物物理學家摩若維茨)[25]

在非線性數學裏，整體有異於部分之和。(複雜性科學家米哲爾)[26]

---

24 第一章第5.2節。

25 "The whole is somehow different from the sum of the parts." Harold J. Morowitz, *The Emergence of Everything*, p.20.

26 "A nonlinear system is one in which the whole is different from the sum of the parts."見註23。筆者本人認為前7個字可省，因為「質變」已不能輕易用(線性或非線性)數學來表示了。

六

覆巢下的完蛋
時間之箭與生物世界

1. 楔子：「完蛋」的兩個謎

1.1. 孔融的兩個兒子

東漢末期，大文學家孔融恃才傲物，[1] 觸怒了權臣曹操；[2] 曹操下令將他拘捕處死。官差到時，他的兩個兒子，一個八歲，一個九歲，若無其事，照常玩耍。孔融哀求官差放過他們。兩個兒子對父親說，「大人豈見覆巢之下，復有完卵乎？」（「父親大人看打翻了的鳥巢下面，怎能還有完整的鳥蛋呢？」）

這兩個小孩子雖然結果也不免殺身之禍，但臨危竟能不懼，值得我們敬佩。「覆巢之下，焉有完卵？」更成為今天常用的成語。

奇怪的是，「完蛋」在今天的普通話口語，竟然代表「全軍覆沒」！這會不會因為總結工作全局成敗，得到的分數是「零蛋」呢？我們甚至可以想像孔融的兩個兒子說：「鳥巢打翻了，甚麼都完蛋了，還會有完蛋嗎？」

1　孔融 (153–208)，孔子的二十世孫。
2　曹操 (155–220)，漢末「挾天子以令諸侯」的大臣，封魏王。他死後兒子曹丕逼漢獻帝「禪讓」，自登帝位，國號魏，是為魏文帝，更追封父親為魏武帝。

1.2. 亨提登提的完蛋

英國最受歡迎的童謠可能是〈亨提登提〉。[3] 下面是筆者的翻譯：

Humpty Dumpty	完蛋的完蛋
Humpty Dumpty sat on a wall,	亨提登提牆上坐雍容，
Humpty Dumpty had a great fall.	亨提登提摔個倒栽蔥。
All the king's horses and all the king's men	帝皇御馬、雄師十萬兵
Couldn't put Humpty back together again.	也湊不回亨提本來形。

圖1. 亨提登提的完蛋。韓小山繪

絕大多數世人都認為亨提登提是一隻雞蛋，不料此說竟然是「無雞 (稽) 之談」，更有「車大炮」之嫌。[4]

3　Humpty Dumpty.
4　粵語，意思是「說謊」。

　　話說在17世紀的英國，國王查理一世剛愎自用，[5] 堅持不合時宜的「君權神授」理論，未經國會同意，擅自課稅，大失民心，終於激發了內戰。保皇軍佔據了倫敦東北56英里的重鎮科爾切斯特，[6] 在鎮的西南角的古羅馬城牆上駕了一尊威鎮一方、暱名為「亨提登提」的巨炮。1648年7月14日，國會軍大舉進攻，炮彈轟坍了重鎮的城牆，巨炮亨提登提跌落地面，一蹶不起。重鎮的保皇軍從此戰力不繼，但仍負隅頑抗；直到8月28日，大勢已去，才正式投降。

　　內戰的結果：英國國王查理一世被判死刑，清教徒克倫威爾從1653年起，獨掌國權，至死為止 (1658)，[7] 後來英國復辟，政府將他發棺斬首，但克倫威爾的功過仍然是今天史家爭論的對象。

1.3. 亨提登提的啟示

　　假如亨提登提果真是一隻雞蛋，它的「完蛋」悲劇可以給我們甚麼啟示呢？

a. 世間有「不可逆轉」的現象，所謂「覆水難收」。雞蛋破了，蛋黃散了，除非時光倒流，我們不能回到完整雞蛋的系統狀態。

b. 雞蛋是一個系統；破雞蛋是拆散掉後的一堆次系統。「打破雞蛋」可能是追尋次系統性質的「化約」工作。這工作往往把一個大好的次系統 (蛋黃)，弄破到無可挽回的地步。假如亨提登提不摔個倒栽葱，湧現特

5　Charles I (1600–1649).

6　Colchester.

7　Oliver Cromwell (1599–1658).

性：小雞可能會在幾天後破殼而出。「未來的小雞」
的大好前途，可惜已被摔交毀於一旦(蛋？)了。

我們在第一、五兩章已約略討論過 (b) 條所牽涉到的化約
論、統攝論、湧現特性和它的非線性表示。本文討論的是 (a)
條：不可逆現象和代表它的、無形的「時間之箭」。地球上
的所有生物，倒栽蔥與否，都是不可逆現象的好例子。

2. 不可逆現象與時間之箭

君不見：黃河之水天上來，奔流到海不復回？

——李白：將進酒

電視廣告往往製造不可思議的怪象，引人注目，然後放
膽推銷商品。小丑揮動魔棒，喝聲道「疾！」時光忽然倒
流：覆水從地面重收上臉盆；地下的蛋黃、蛋白注入破碎的
雞蛋，蛋殼自動修補，完卵跳上高牆，變回雍容大方的亨提
登提。當然這些怪象只是將拍好了的電影倒行放映的結果，
時光並沒有當真倒流，「後果」並沒有變回「前因」。

兩顆桌球相撞，各散西東；怪象是：我們將桌球電影倒
行時，竟然看不出任何怪象來！相撞的桌球，尤其是在沒有
摩擦的環境裏，完全可以用牛頓力學理論解釋；而牛頓力學
在時間上是「可逆的」：倘若時光倒流，使「因」、「果」
互易，牛頓力學可以照樣使用不誤。

世間不可逆現象俯拾皆是；但當真不可逆、可以觀察到
的科學理論，除了熱力學、統計力學和演化論，卻幾乎沒

有。量子力學本身是不可逆的,但它產生的可觀測宏觀現象卻往往是可逆的。

時間有一定的方向;指着時間方向的物象,可以說背負着「時間之箭」。[8] 宇宙所背負的時間之箭可能是宇宙間最偉大、最具影響力的一支。138億年前,小小的一點突然爆炸起來;產出了今天不住膨脹的龐大宇宙;最近更有證據指出宇宙膨脹正在不住加速。[9]

3. 自發性自我組織

3.1. 神秘的熵

19世紀物理學發現了一個重要的數量:「熵」(S)。[10] 多年來經過統計力學的闡明,我們今天知道:熵是整個物質系統「凌亂無序」的指標。

物理學家將物理系統按着它與外界溝通的能力,分成兩類:[11]

孤立系統不能與外界交換熱、能量或物質;
(當真符合「孤立」標準的系統可能只是我們的宇宙)。
開放系統可以與外界交換熱、能量或物質。

在孤立系統裏,秩序有減無增 (或:代表凌亂無序狀態的

8　這傳神的名詞來自英國天文學家愛丁頓 (Sir Arthur S. Eddington 1882–1944)。見Wikipedia, "Arrow of time" 條,2014年9月20日,12:14.

9　見第二章第5節。

10　Entropy.

11　孤立系統 (Isolated system),開放系統 (open system)。

「熵」量有增無減），這是鼎鼎大名的熱力學第二定律。[12] 每一個孤立系統背負着時間之箭，內裏秩序有減無增，趨向平衡；這是不可逆現象的特色。但平衡只是一片死寂，趨向平衡因此也沒有多大的趣味。

物理學家提出了所謂「熱死」的問題：[13] 我們的宇宙會不會達到某種混亂無序的極限，而達到平衡的死寂呢？一個可能的回答是：宇宙產生熵量的速度固然不住增加，但在我們不住膨脹的宇宙裏，可用熵量的極限也會不住增加；若這增加的速度大於宇宙產生熵量的速度，令可用的熵量一直「供過於求」，那末「熱死」是不會出現的。[14]

3.2. 自發性自我組織與生物

能夠在遠離「熱力學平衡」的環境，自己製造秩序的系統，叫做自發性自我組織。[15] 地球上每一隻生物都是一個自發性自我組織。

自發性自我組織自己製造秩序，例如動物將食物變成排列有序的肌肉，內部的熵量因而有減無增；這好像違反了熱力學第二定律，但其實不然；因為它們絕對不孤立，而必然是一個開放系統。當系統體內秩序有增無減時，在包含這個開放系統的孤立系統 (例如整個宇宙) 裏，秩序卻相對地有減無增。

秩序在一個自發性自我組織裏的增加，也代表着時間之

---

12 最先由德國物理學家克勞修斯 (Rudolf Clausius) 在1856年提出。這著名的定律有好幾種不同的寫法。另一個是：熱量從冷體傳到熱體必須耗費能量。

13 Heat death.

14 筆者感謝與陳志宏博士的討論。

15 Spontaneous self-organisation. 見第十三章第2–5節。

箭；時光同樣不能倒流；但因為秩序有減無增，方向與宇宙的箭恰好相反。所有自發性自我組織，包括所有生物，都「倒背着」時間之箭。複雜生物看來更能發揮自由意志，能夠藉着志向行為，影響、甚至決定自己的將來。[16]

4. 生命的簡史

4.1. 地球生物同源的證據

現代生物學家將生物分做三域、六大界。[17] 我們已知的生物環境只限於地球。一個重要、有趣的問題是，地球上的生命是否同源的？

地球上所有生物都靠DNA維持生命，產生後代。2010年5月，美國基因生物學家凡特宣佈：他的機構已成功合成第一個人造生物，叫做新迪雅；新迪雅與天然生物一樣，也是由DNA控制的。[18]

「半生物」濾過性病毒一部分靠DNA，一部分靠較簡單的RNA。DNA 和RNA都有螺旋形的結構；有趣的是，螺旋形的結構可以有「左手螺旋」「右手螺旋」之分，[19] 而生物和濾過性病毒的DNA, RNA結構都是清一色的「右手螺旋」！一個合理的「同源論」解釋是：所有生物和濾過性病毒都來自同一個古老祖宗，而這祖宗恰好是採用「右手螺旋」的。

16　見第七章第4節。
17　已見第三章第2.3節，第四章第4.1節。
18　Craig Venter (1946年生)，美國著名基因生物學家。他建立的機構是J. Craig Venter Institute。新迪雅 (Synthia) 的學名是*Mycoplasma laboratorium*。它的DNA有50萬個四進數字密碼。
19　右手螺旋 (Alpha helix, α−helix, right-handed helix)，左手螺旋 (Beta helix, β−helix, left-handed helix)。

4.2. 生存

生物要靠體外的環境直接、間接供應能量 (例如陽光、氧氣和食物) 才可以繼續生存。生物也排出廢料 (例如碳酸氣、汗液、尿和糞便)。但內部的操作需要在身體不同部分生產特別的蛋白質。這是生物細胞裏DNA在不同基因控制下的工作。

每隻多細胞生物通常擁有以億計、來源相同，但形狀和功能已呈「分化」的真核細胞。[20] 每個細胞的細胞核裏有多個染色體，[21] 包含生物生存、生殖後代所需的資訊。每一個染色體都是一個DNA分子。人的細胞有染色體23對 (46個)。

每一個DNA分子像一條右手雙螺旋形的長軟梯；A, C, G, T四種鹼基組成「鹼基對」作為長梯的橫檔。整個分子是一長條可能以百萬個鹼基計的「四進數字密碼」。[22] 這密碼包括許多個基因；和用途未經充份闡明的所謂「垃圾DNA」。[23]

我們人類屬於 (真核) 多細胞生物。在所有生物的細胞裏，細胞根據自己控制下的DNA裏的基因，採用當地的原料，生產所需要的蛋白質，進而維持整個身體的健康。真核細胞裏面、細胞核外、有多個「細胞器」，包括粒線體和植物細胞核外的葉綠體。粒線體和葉綠體都擁有自己的DNA和操作機制。

---

20 見第三章楔子。

21 Chromosome.

22 C, G, A, T代表cytosine, guanine, adenine, thymine。DNA的右轉雙螺旋可說是扭曲的長軟梯，四種「鹼基對」C–G, G–C, A–T, T–A形成軟梯的橫檔。RNA是右轉單螺旋，採用C, G, A, U (uracil) 四種鹼基，作為「半橫檔」。DNA的切面也是一個半軟梯。在DNA切面或RNA的半軟梯上，鹼基的順序排列可說是代表一條很長的、四進數字組成的密碼。生物的基因 (gene) 是生物機制認得出的、密碼的片段。

23 Junk DNA，亦有不含貶義的名稱「非編碼DNA」(noncoding DNA)。

4.3. 傳宗接代

多細胞生物，不同於單細胞生物，擁有專業的生殖細胞。生殖細胞製造下一代，主要工作是「複製」它所包含的DNA；換句話說，「抄寫」所有染色體所包含的有用四進密碼數字。

無性生殖：由母體供應所有數字；

有性生殖：通過受精卵，由父、母體各供應一半數字。

粒線體和葉綠體自己擁有的DNA與細胞核的DNA同步操作進行複製，傳宗接代。

在動物界，有性生殖帶來了雌、雄間的互相抉擇 (所謂「雌、雄淘汰」)，引起了雄孔雀的開屏 (吸引異性)、雄牴羊的角鬥 (勝者奪得與旁觀雌羊交配的權利)。異性間的吸引甚至影響到人類社會的盛衰、國家的興亡。[24]

4.4. 突變

生物兩代之間的遺傳基因也可能改變。這現象叫做突變；[25] 它顯然是演化的一個主要原動力。突變的後代擁有不同於父、母的DNA。

突變起碼有兩種。

a. 外在因素，例如輻射，改變了父、母體內生殖細胞裏的DNA，後代因而擁有與父、母不同的DNA；

---

24 一個例子是周幽王為討好妃子褒姒而舉的烽火，戲弄了勤王的諸侯；後來犬戎入寇，幽王舉烽火而諸侯不至，西周因而覆亡(前771年)。

25 Mutation.

b. 父、母體內生殖細胞沒有改變，但複製DNA時卻抄錯
  了四進數字。

新一代DNA的數字假如有異於上一代，他們會產生甚麼
影響呢？

a. 一部份DNA，通常位在「垃圾DNA」區域裏，不包含
  有用的基因密碼；這些部份與上代是否雷同，相信無
  關宏旨；

b. 但擁有錯誤的有用基因密碼的後代可以與上一代大不
  相同；他們通常不能適應環境，在未有顯露生殖能力
  之前便已夭折。

c. 極少數擁有突變基因，能夠適應環境而傳宗接代的後
  代，可能具有新的適應能力；它們把新的遺傳基因持
  續下去，也許因此比其他個體更見優勝，甚或會演變
  成為成功的新品種。

5. 演化論

5.1. 達爾文和華萊士

遠在1650年，愛爾蘭大主教厄殊爾[26]湊起舊約聖經人物
的歲數，認為宇宙誕生肯定在紀元前4004年10月23日星期
日，下午2時30分正。在19世紀中葉，英國宗教界普遍接受厄
殊爾的數字，認為所有生物都由上帝造成，永遠不變；人更
是上帝指定的萬物之靈，出現在創世第6天。

達爾文和華萊士的演化論卻認為生命的起源非常久遠，

26 Archbishop James Ussher (1581–1656).

現在的生物是由太古時代簡單的生物演化出來的。[27]

達爾文乘坐測量船小獵犬號環航世界，[28] 歷時五年 (1831–1836)。他仔細觀察、比較途中遇到的生物，大大受到啟發。1858年，達爾文已回到英國22年，華萊士從印度尼西亞寄來了一篇4千字的科學論文，內容與達爾文未發表的書稿看法竟然大同小異。達爾文以前只見過華萊士一面，但決定公開宣讀這朋友的文章，一面也趕緊總結自己觀察生物的心得。再一年後，達爾文終於出版了劃時代的巨著《物種原始》；[29] 若沒有華萊士的信，這書也許永遠不會面世呢。

《物種原始》的要旨是：[30]

> 每一物種都有產生更多後代成員的能力。物種所依賴的資源，例如食物，(除季節改變外) 所供應的數量大致不變；因此物種間必有「生存競爭」。較易適應環境的物種成員較易生存，較易繁殖，將可遺傳的品性留給後代。這緩慢的過程使物種為適應環境而改變；這些改變累積起來，結果成為新物種。

在2009年，美國一班古生物學家企圖利用基因工程使演化過程倒流，但不成功；他們反而顯出了「時間之箭」：物種的演化過程，與單個生物的生長過程一樣，是不可逆的。[31]

---

27 達爾文 和華萊士 (Alfred Russel Wallace，1823–1913) 同是英國生物學家，演化論的兩位開山大師。

28 小獵犬號 (I I. M. S. Beagle)。

29 On the Origin of Species.

30 請參照Wikipedia, "On the Origin of Species."條，2014年9月24日，20:28，第1節。該節大致根據德國出生的美國生物學家麥爾 (Ernst Mayr, 1904–2005) 的簡介。

31 這是美國奧勒岡大學Joe Thornton的研究成果；見e!Science News,

5.2. 演化與進化

達爾文和華萊士的理論現在叫做the theory of evolution。英文 evolution 一字，通常譯為「進化」；美國匹茲堡大學許倬雲教授指出：這個英文字應該譯做「演化」；原字的意思只有「演變」，並沒有當真「進步」的含義。[32] 物種的演化是盲目的；它讓後裔接受當時、當地環境引起的抉擇。且舉一個例：活在地穴水潭裏的小魚長年不見天日，通常變成瞎子；它們的適應，「退化」的成份多於「進化」。

物種可能只適應切身的環境，不能算是當然的、全面性的「進步」。倘若環境突然改變，今天所「適」之處很可能變成明天「無所適從」的死胡同。地球上出現過的多次大絕滅，可為殷鑑。[33]

5.3. 適者生存與弱肉強食

在1898年 (光緒二十四年)，中國翻譯家嚴復將赫胥黎的 *Evolution and Ethics* 一書用文言文譯成《天演論》出版。[34] 在國家多難之秋，「物競天擇，適者生存」的口號起了振聾發聵

September 23, 2009, 12:45, Biology and Nature. http://esciencenews.com/articles/2009/09/23/ratchet.genetic.mutations.make.evolution.irreversible在1893年，法國出生的比利時生物學家多盧 (Louis Dollo, 1857–1931) 已經有「物種的演化不可逆」的假説，叫做多盧定律 (Dollo's Law)，見 Wikipedia, "Dollo's law of irreversibility" 條，2014年9月20日，17:27。

32 許倬雲教授是美國匹茲堡大學榮休教授，見本書序言。

33 見第6節。

34 嚴復 (1854–1921) 在英國留學海軍，回國後任教不同的水師 (海軍) 學堂多年，與大臣李鴻章意見不合，脫離海軍，辦報鼓吹維新，同時開始翻譯科學書籍。維新失敗後嚴復曾任復旦公學 (今復旦大學) 校長，北京大學堂 (今北京大學) 校長。他晚年思想趨向保守，支持袁世凱稱帝和張勳失敗的復辟。赫胥黎 (Thomas Huxley, 1825–1895)，英國生物學家，以捍衛演化論見稱，被號為「達爾文的老虎狗」(Darwin's bulldog)。

的作用，喚醒中國青年奮起圖強，正視現實，力爭上游，才不要被無情的大時代淘汰。[35]

「適者生存」來自英文的一句 "survival of the fittest"，發明人是英國社會哲學家斯賓塞。[36] 在華萊士大力推薦之下，達爾文後來也採用了這口號。許多人說，這句話只是「適」的定義；「適者」就是「生存者」。「生存者生存」，固然沒有差錯，只可惜缺乏真正內容，徒具心理上的煽惑性罷了。

「弱肉強食」卻是達爾文和早期的演化論者的格言。達爾文第一次發表演化論時說：「整個自然都在交戰，每隻生物對抗另一隻生物，或對抗外界自然」。大力支持他的赫胥黎也強調：在冷酷寡恩的自然環境下，只有強者、快者、黠者得以苟全。當時演化論給人的印象是，「不食則被食」；[37] 務須「先下手為強」，庶免「後下手遭殃」。這顯然也是十九世紀帝國主義者和強盜資本家的信條。但這過去的信條當真是我們處世必須服膺的真理嗎？

我們且舉一個例子。我們看見餓虎擒羊，也許覺得只有餓虎是「適者」，羔羊顯然不是；但餓虎、羔羊、兩者的物種既然都未絕滅，其實都是適者。適者未必是張牙舞爪，滿嘴鮮血的毒蛇猛獸，也大可以是善逃、善匿、生殖力旺盛的懦夫。反正喫盡獵物的猛獸，也只有餓死的一途。所有適者其實都是與環境共同演化的成功例子。而且共同演化也未必要拼個你死我活。[38] 我們不必光看餓虎擒羊的一例，便貿然以餓虎自命。

35　這口號促使青年胡洪騂易名為胡適；他後來成為新文化運動的重要主角。

36　Herbert Spencer (1820–1903).

37　Eat, or be eaten.

38　已見第三章第1.3節。

　　合作互惠是不同生物間互動的一個主要模式。達爾文本人已知道生物界中合作互惠的例子，但看來並沒有強調它的重要性。近年馬古力斯教授的體內共生理論，使生物學界正視跨物種合作的現象：它的普遍性遠超於上兩世紀學者的想像。

6. 浩劫

6.1. 大絕滅

　　假如環境改變的大小、延續，超過一個物種所能適應的限度，那個物種便會絕滅。導致大批物種迅速絕滅的現象，叫做「大絕滅」。[39] 古生物學家認為過去大絕滅出現至少有5次，可能多至12次，原因幾乎都是難以逆料的天然巨變。

表1. 地球上的7次重要大絕滅[40]

時期	簡稱	公認？	主要受害物種	可能原因
1. 2,000百萬年前	大氧化事件	否	厭氧細菌	藍綠細菌光合作用；大氣含氧「過多」。
2. 450–440 百萬年前	O–S	是	所有物種60–70%	岡瓦納古陸 (Gondwana) 形成。
3. 375–360 百萬年前	Late D	是	地球上最大絕滅；所有物種90–96%	隕石；岡瓦納古陸移動；全球性寒冷。
4. 251 百萬年前	P–Tr	是	所有物種90–95%	岡瓦納古陸與勞亞古陸 (Laurasia) 合併成為泛古陸 (Pangaea)。
5. 200 百萬年前	Tr–J	是	所有物種70–75%	隕石。
6. 66 百萬年前	K–Pg（前稱K–T）	是	所有物種75%；所有不飛恐龍	隕石。
7. 11,000年前	Holocene Extinction	否	大哺乳類動物	旱災、人、人的傳染病。

39　Mass extinction.
40　採自Wikipedia, "Extinction event" 條，2014年9月26日， 21:57。

6.2. 浩劫與僥幸

過去所有偶遇、浩劫，都對人類有利；人類的祖先並未絕滅，反而佔了上風。有些人會説：「所有偶遇、浩劫都有利於我們；這證明了我們是造化所鍾、上帝垂青的萬物之靈。」虛心的科學家卻只承認我們是幸運的一群。

最清楚可見的，是6千5百萬年前的浩劫：一顆隕星從天而降，衝擊墨西哥尤卡坦半島的東岸，[41] 引起不能飛恐龍的絕滅，哺乳動物的抬頭。假如隕星角度稍偏，恐龍可能依然稱霸全球呢！[42]

將來的偶遇未必對我們有利。為避免隕星浩劫的重演，我們不但要加緊觀察太空小行星和彗星的路線，更須發展新技術，不容它們衝向地球。其實人類對環境的破壞可能已觸發最新的浩劫 (表1, Holocene Extinction)；這是一個仍然可以避免的災禍，但需要的是全球國家幾乎不可能的衷心合作。

6.3. 將來最大的浩劫

最大，也是最後的浩劫，會出現在50億年後；那時太陽將會突然膨脹，成為一顆紅巨星，半徑超過現在地球繞日的軌道。雖然到時太陽質量已會減少30%，地球軌道會因而變大，但太陽的熱力也會蒸發所有的海水，令人類無法居住。

要逃過這一場最後的浩劫，我們必須及時發展出自給自足，可以在太空航行多年，尋找新天地的「方舟」。一隻現成的方舟卻是圓球形的：它就是我們的地球。

---

41 尤卡坦半島 (Yucatan Peninsula)。

42 見Wikipedia, "Cretaceous–Paleogenic extinction event "條，2014年10月2日，15:20。

7. 人的出現

4百萬年前，東非洲一部份猿類開始直立行走，腳趾漸漸退化，不再適合森林樹頂爬躍的生活；他們與環境作「鬥智不鬥力」的競爭，頭腦開始變大，手指變得更靈活。他們利用工具、改良工具；工具也「改良」了他們。

約一百萬年前直立人已出現在歐、亞、非三大洲，[43] 但終於絕滅了。智人約在20萬年前出現在非洲；他們可能在介入少量尼安德圖人和丹尼索瓦人的血統後，征服了世界。[44] 現在整個地球的安危盛衰，都已操在智人的手裏。

7.1. 達爾文的同源論

在震撼世界的名著《物種原始》面世後十二年 (1871)，達爾文更出版了《人類起源》一書，[45] 討論人的演化，認為人與猿類同出一系。這書立刻引起英國宗教界的恥笑和強烈抨擊。但生物演化，鐵證如山，現在繼續公開反對的只有少數創造論派宗教人士而已。[46]

7.2. 猩猩的兒女？[47]

在19世紀英國的一張諷刺漫畫上，大猩猩在大鬍子達爾文走過時痛哭流涕，因為達爾文居然膽敢認它做祖宗。

我們是不是猩猩的兒女？當然不是；達爾文只說我們與

---

43 直立人 (學名 *Homo erectus*)。

44 已見第四章第4.4節。

45 *The Descent of Man, and Selection in Relation to Sex.*

46 Creationists，亦稱基要派 (Fundamentalists).

47 陳天機：《天羅地網：科學與人文的探索》(香港：Oxford University Press, 2008)。第九章：猩猩的兒女？揹着分子鐘的智人，第158–177頁。

猿類只是同源而已。今日的猩猩沒有可能生下我們，更沒有可能生下我們的祖先。

但我們卻是不折不扣的「星星的兒女」：

a. 我們的生存，要拜太陽之賜；地球是太陽系的一員；地球上絕大多數生物的新陳代謝，直接、間接、要靠陽光；我們是太陽的兒女，而太陽是一顆星星。

b. 我們體內的重金屬更來自某顆超新星自爆後的殘骸。許多地球生物所需要的重要元素來自死亡的星體。星體未出現前，宇宙的化學元素只有氫、氦和極少量的鋰 (Li) 和鈹 (Be)，[48] 其中只有氫是組成地球上生物的重要原料。所有生物都需要碳；動物的紅血需要鐵，植物的綠葉需要鎂。生物體內最主要的十五種化學元素，[49] 除了氫之外，都產生在高熱高壓的環境，或在星的內層，由新星、超新星的死亡爆炸散播；或直接由這些星體爆炸時的震波產生。太陽系在超新星的殘骸上形成時，這些重量元素自然成為太陽系的一部分。[50]

7.3. 人類的職責

人類在地球上出現，發明了許多稀奇的非生物，例如語言、文字、理論、概念、主義、信仰、道德、制度；音樂、藝術、大廈、電燈泡、個人電算機、汽車、飛機、炸彈、時裝、玩具、嗜好、生髮油；這些人類文明的產品，變成人類

---

48 鋰 (Lithium, Li)，鈹 (Beryllium, Be)。
49 碳 (C)、氫 (H)、氧 (O)、氮 (N)、磷 (P)、硫 (S)、鈣 (Ca)、鉀 (K)、鈉 (Na)、鐵 (Fe)、氯 (Cl)、鎂 (Mg)、硅 (Si)、鋅 (Zn)、鈷 (Co)。
50 已見第二章第4.6節。

環境的一部份，都是廣義的工具，也被動地隨着科技歷史，與人類共同演化。

我們人類自詡為萬物之靈，已經擁有破壞全球的能力；因此我們有責任保護萬物生態，保護地球，不要讓無辜的生物絕滅。因為到頭來吃虧的可能是我們自己。我們在地球這完蛋上面棲息生養，怎能讓它像亨提登提一樣，陷入不可逆的完蛋悲運呢？

七

拿破崙的假設
變化、因果與自由意志

1. 楔子：拿破崙的假設

　　法國兩位大數學家拉普拉斯與拉格朗日都活在二百多年前、震驚世界的大革命時期，都享有盛名，可稱為「一時瑜亮」。[1] 拿破崙稱帝後封他們兩人做伯爵；法國王室復辟後更進封拉普拉斯為侯爵。[2]

圖1. 拉普拉斯 (左) 與拉格朗日。

1　Pierre Simon, marquis de Laplace (1749–1827) , Joseph-Louis, compte de Lagrange (1736–1813).
2　那時拉格朗日已經去世，否則他也可能同樣受封。

　　據説拉普拉斯送給拿破崙一本自己的力作《天體物理學》。[3] 拿破崙稍後告訴他：「可惜這本書沒有提到上帝。」

　　拉普拉斯説，「我不需要這個假設。」

　　拉格朗日聽到這説話，向拿破崙説：「但這是個多麼美妙的假設呀！它解釋了許多事物。」

　　拉普拉斯回應道：「拉格朗日先生一語道破這問題的癥結所在；它解釋了許多事物，但沒有作任何預測。」

　　這故事的真實性後來屢受質疑。無論如何，在二百年前的法國，拿破崙據説的假設相信也是大多數常人的假設。本章的目的其實並不在討論這假設、也不在拉普拉斯對拉格朗日的明褒暗貶。我們只想引出一個有趣的疑問：拉普拉斯自己有沒有假設呢？

　　其實拉普拉斯的假設已在他與拿破崙據説的對話顯露出來；原來他對「預測」情有所鍾、堅信不渝。他認為宇宙裏一切都是前定的，都受一些含有時間的「偏微分方程式」和「初始條件」控制。他説：[4]

現今宇宙的狀態我們可以當做過去的結果，和未來的原因。一位睿智若在某一刻知道所有使宇宙運行的力和所有宇宙成員的部位、而且這位睿智更能夠分析這些資料，便能用一條公式全部包容，從最龐大的宇宙物體到最微細的原子的運動；對這睿智來説沒有東西是不肯定的，未來有如過去，都洞悉在眼前。

3　這巨著共五冊，分多年出版；送給拿破崙的相信只是第一冊。

4　初始條件 (Initial condition)。見Wikipedia, "Pierre-Simon Laplace"條，2014年10月1日，19:49。

拉普拉斯的看法現在叫做「硬性決定論」；[5] 他所講到的睿智現在也被暱稱為「拉普拉斯的妖精」。[6]

假如拉普拉斯果真是對的，則世間萬事便早已前定，無從更改。近代理論化學家普里果金說：[7]「上帝便淪為檔案管理員，每日只揭開宇宙巨書的一頁。」而且看來在妖精不眠不休、目光炯炯的監視下，甚至揭頁的行為也是前定的，不容有任何偏差。

拉普拉斯的硬性決定論背後也有一個假設，叫做因果律：「有因必有果」。我們且先討論「變」，作為因果間的橋樑。「因」引起「變」，「變」產出「果」。

2. 變

Change alone is unchanging. (或：The only thing which doesn't change is change itself.) (世間不變者，唯「變」而已耳。)

——古希臘：赫拉克利特 (Heraclitus)[8]

2.1. 變化與主觀

哲學家赫拉克利特活在二千五百年前、小亞細亞半島的城邦愛非斯。[9] 按例他應該繼承愛非斯的王位，但他視富貴若浮雲，將王位讓給弟弟。[10] 這位哲學家生性孤傲，著作現在只

5　Hard determinism.

6　Laplace's demon.

7　Ilya Prigogine (1917–2003)，俄國出生的比利時化學家，曾獲1977年諾貝爾化學獎。

8　Heraclitus of Ephesus (約前535–前475)，古希臘哲學家。愛非斯在今天土耳其。

9　見http://cosmomyth.com/philosophy_and_astronomy.htm

10　中國商代的泰伯是周太王古公亶父的長子。他也讓了周國的王位給弟

留下吉光片羽；但他對「變」的看法特別為人稱道。他說：

> 沒有人踏進同一條河兩次，因為河已不是同樣的河，而且
> 人也不再是同一個人。[11]

宇宙萬物，無時無刻，都在改變。變化有「除舊更新」的效用，往往同時更改實質系統裏的好幾樣結構 (大小、形狀、質量等)，因而影響它的功能 (溫度、顏色、硬度、脈搏、沸點、速度等)。

我們對變化的看法，往往相當主觀；「巨變」和「劇變」是我們認為巨大的變化；「急變」或「突變」是我們認為急速的變化。「慘變」更是破壞人間倫常的悲劇了。

我們通常漠視進度緩慢、影響微小的變化：「微變」、「漸變」或「緩變」都是罕用的名詞。但「水滴石穿」：屋簷下的雨點在幾十年內可以鑽穿石板。地穴裏一百呎高的鍾乳石柱，更是百萬年來滴下的水點留下的沉澱累積。我們也輕易地忽略在遠距離出現，看來渺小的巨變；例如「超新星」的爆炸，威力通常相當於億兆顆原子彈。在天文望遠鏡裏，它只是一個微弱的光點；但若這爆炸在太陽系附近發生，我們必定遭殃無疑。

運動是連續的變化，不住產生後果。許多運動帶有周期性，例如地球自轉，每天一次；地球同時繞日運行，公轉一次費時一年，在這一年內「春、夏、秋、冬」四季週而復始。太陽也繞着銀河系的中心旋轉，周期約2.25–2.50億年。

弟季歷 (王季，周文王姬昌 (前1152–前1056) 的父親)，自己逃到長江流域，被髮文身，建立吳國。

11 No man ever steps in the same river twice, for it's not the same river and he's not the same man.

3. 因果律，出現罷！[12]

3.1. 因果律

在聖經《創世紀》，上帝在無盡的黑暗裏劃破沉寂，說「光、出現罷！」光便照亮了宇宙。

竊以為光固然重要，但最重要、使宇宙運行不懈的，並不是光。而且科學家近年發現，宇宙間竟然有根本不發光、不受光影響的神秘「暗物質」。假如暗物質對我們毫無影響，也就罷了；但暗物質雖與光不起作用，卻仍擁有質量，而且它的重力足以影響可見的發光物體，例如星體，的運動。我們觀察星系裏發光星體的動態，便往往可以推論出鄰近暗物質的存在了。科學家發現，暗物質在宇宙中的總質量竟然5倍於能夠與光互相影響的普通物質。[13]

比光更加重要的，相信是因果律。因果律說：若有「果」，必先有「因」。「因」是「果」的前奏；所有現在的果都來自過往的因。現在的所有因引起未來的果。拉普拉斯的硬性決定論顯然也假設了因果律無所不在、連續不懈的施行。

所以全能的上帝不如改說，「因果律，出現罷！」

中文大學哲學教授陳特說得好：[14]

我們看見一件事情發生了，常常會問，這事為甚麼會發

---

12 部分摘自陳天機《天羅地網：科學與人文的探索》(香港：Oxford University Press, 2008)，第八章：〈卡特蓮娜的啟示：試談混沌理論與自由意志〉第143–157頁。

13 已見第二章第5節。

14 陳特是香港中文大學哲學教授，在2002年去世。全文見陳天機、許倬雲、關子尹 (同編)：《系統視野與宇宙人生》(增訂版)(香港：商務印書館, 2002)，第29文：〈變化、因果與自由意志〉，第254–259頁。，

生？人會問為甚麼，然後才會找尋答案，才會產生知識……而當人這樣做的時候，不知不覺已假定了因果律了。可見因果律不只是人的主觀的心理習慣，而是人了解事物時不自覺地預設的律則。人若不預設因果律，就無法了解世界上的事物，就無法生存。

3.2. 無法證明的真理

稀奇的是，英國哲學家休謨竟然發現，他自己無法證明因果律的存在！他說 (1737)：[15]

> 我們根本不能發現任何一項能力、或必需的聯繫、或任何品質，足以聯接果與因，使果必然追隨因。

過去因、果的先後出現並不證明下一個同樣的「因」必然產生與前同樣的「果」。太陽過去每天出現，無論天晴或陰雨；這並不擔保明天太陽一定會出現。

我們可以想像：太古時無所不能的上帝不但說，「因果律，出現罷！」而且立刻跟着說「因果律的證明，躲起來罷！」

我們也許更可以想像因果律是由另一位妖精來維持的，這位妖精神通廣大，不下於拉普拉斯的妖精。而且他的通天本領，更包括不動聲色、突然的罷工。他過去並沒有停止過操作，但這並不保證他將來不會。

無論如何，假如沒有因果律，天下必然大亂；我們只有相信因果律才可以維持對宇宙、對社會、對自己的信心。

15　David Hume (1711–1776). "We are never able, in a single instance, to discover any power or necessary connexion; any quality, which binds the effect to the cause, and renders the one an infallible consequence of the other."

3.3. 見果求因

西方科技文化的基礎可以說是「見果求因」的實踐：從可觀測的現象，推論出因果關係。這是自然科學的目標、歷史學家的工作、解惑求真的重要關鍵；醫生必先診斷病因，才好對症下藥。偵探若要給受害者一個公道，便必須找出兇手，繩之於法。

假如 $x^2=1$，x 該是多少？ 許多人會不假思索，立刻說「$x=1$」。其實「$x=-1$」也是答案。知果求因時，我們也必須知道：一件事的發生，可能的原因不只一個；仔細參詳後才可以避免武斷失誤，而作明智、公允的抉擇。電影裏的神探也知道，雖然當前的謀殺案顯然是一個人做的，疑兇卻往往有好幾位。甚至所有未經証明無罪的人 (或物) 都是疑兇。真兇更可能有「為虎作倀」的幫兇。

東方文化通常比較願意接受未經充份証實的「因」。東方人社會心理的一個極端是「陰謀論」：看見不恰己意的事物，便認為它們背後必有不可告人、甚或針對自己的陰謀。在極端的情形下，這種心態會引起「偏執狂」一類的精神病：[16]患者到處看到想像中的、口蜜腹劍、笑裏藏刀的敵人。

古希臘阿波羅神廟前刻了傳誦千古的格言：「自知！」。[17]我們該認識自己，從嘗試中發掘自己的潛能和自己能力的極限。我們做事未必無往而不利，也難免有挫敗、失望的時候，敗因甚至可能是自己。承認己錯需要相當的勇氣；許多人 (也許過去受了太多的挫折) 亟於自保，不想別人知道敗因，不惜製造遁辭，甚至諉過於他人 (例如引用陰謀論)。勝利的時候，真的勝因可能是他人，不少人卻想居功，

16 偏執狂 (Paranoia)。
17 英文譯本是 "know thyself"。

要別人以為勝因是自己。這些張冠李戴的現象，不但利己損人，淆惑視聽，長此以往，更使欺人者自我陶醉，以為自己了不起，他人一無是處。這些自欺欺人者混淆是非黑白，往往喪失判斷的能力，大大降低了自己將來成功的機會。可悲的是，這種畸形心理不是「個人」的專利品，也屢見於家族、社團、文化、甚至整個國家。

3.4. 以不變應萬變

> 自其變者而觀之，則天地曾不能以一瞬；自其不變者而觀之，則物與我皆無盡也。
>
> ——蘇軾：《前赤壁賦》[18]

在神話裏，齊天大聖孫悟空七十二變，依然逃不出如來佛的掌心。雖然萬物都在變化，科學家卻有「以不變應萬變」的不秘之笈，「守恆」定律是也。

守恆定律說，在 A 變成 B 的場合，有某種性質 $P(A)$ 維持不變：$P(A) = P(B)$。

過去科學家發現了（大致正確的）「物質不滅」和「能量不滅」兩條定律：[19] 在孤立系統 A 變成孤立系統 B 時，

---

18 蘇軾 (1037–1101)，北宋大文學家。他所遊的赤壁：其實是湖北黃州的赤鼻磯，并不是三國時期大敗曹操水軍的古戰場，當地人因諧音亦稱之為赤壁，蘇軾將錯就錯，借景抒懷。見《百度百科·前赤壁賦》條，http://baike.baidu.com/view/30680.htm按在他的另作《念奴嬌·赤壁懷古》裏，他也明說：「故壘西邊，人道是，三國周郎赤壁。」

19 物質不滅 (The conservation of mass)，能量不滅 (the conservation of energy)。M (Mass，質量)，E (Energy，能量)，P (Property，性質)。

A的總質量約略等於 B的總質量；

A的總能量約略等於 B的總能量。

在1905年，愛因斯坦指出，在一個過程裏，一部分質量其實可能消失，消失掉的質量m必依下面的公式

$$E = mc^2 \qquad (質能互換定律) \qquad 公式 (3.1)$$

變成能量；或一部分能量E可能消失，消失掉的能量也必依同一公式變成質量。質、能兩者其實可以互換。[20]

4. 自由意志與志向行為

4.1. 抉擇

在日見複雜的現代社會，我們不住面臨抉擇，要在多個可能的答案中揀選一個，作為下一步行動的指向。

聖賢鼓勵我們「擇善棄惡」：選擇「善」而放棄「惡」。但在現世善、惡的界限未必顯明。英國近代社會哲學家柏林卻指出，在今天的世界我們面臨的選擇往往是在兩個不相容的「善」之間作明智的取捨。[21] 我們且舉一個古老的例：二千多年前，孟子不是已經講過嗎？[22]

20　在那「奇蹟年」他共發表了4篇轟動了物理學界的文章和博士論文，但仍只是任職瑞士專利局的小職員。一年後他獲頒博士學位；再兩年後他才獲得教席。

21　Sir Isaiah Berlin, (1909–1997). 他的多善理論現在叫做「價值的多元論」(value pluralism)。筆者感謝在「宇宙、學術與人生」一科，客座講者楊綱凱教授的啟發。

22　《孟子·告子上》。

> 魚、我所欲也；熊掌、亦我所欲也；二者不可得兼，舍魚
> 而取熊掌者也。

我們必先多見世面，積集經驗、知識、學問、充實自己，建立自己的價值觀，在面對抉擇時方才可以比較得失、衡量多方面、多層次的可能後果，作明智的取捨。

4.2. 因果律與自由意志

我們認為抉擇是運用自由意志的例子。自由意志等於在多個可能之中，選擇一個決定將來行動的「因」，以冀取得這「因」所引起的「果」。自由意志所引起的種種考慮，顯然也牽涉到因果律；假如沒有因果律，便不可能有這種選擇，便不可能有自由意志。

自由意志是人類社會建設的基石；我們通常要假設它和因果律都同時存在。否則使社會順利運行的整套賞罰制度都失去了意義。主要宗教和世間的法律也都強調自由意志；例如行善者將獲得獎賞，肆惡者應遭到懲罰。

但在拉普拉斯的硬性決定論下，一切未來都早已前定。因果律雖然存在，但不可能有自由意志！

我們可以想像十惡不悛的兇徒在法庭上狡辯：「我的罪行只是由於拉普拉斯的硬性決定論妖精的『神推鬼擁，』不當受罰；罰妖精罷！」當然法官也可以同樣說，「我也是受到同一位妖精、陰差陽錯的驅使，判你坐牢。」但法律懲惡揚善的道德意義便蕩然無存了。在妖精播弄之下，整個社會只不過是一場傀儡戲，連所有法庭旁觀者、甚至自以為正在操控大局的風雲人物，也都只是不同層次的傀儡罷了。

4.3. 志向行為

許多動物自己定下目標,然後朝着目標邁進,從「定下目標」到「達到目標」中間可能要花不少時間,動用身體不同的部分,經過好幾個步驟;生物學家稱這現象做「志向行為」。[23] 例如小雞看見地上有米,便會趨前啄吃:

a. 小雞見地上有米,知道米可充飢。

b. 但米不在喙邊;

c. 小雞運用一組隨意肌,趨前、彎頸、啄米、吞食。

筆者認為這一連串複雜行為已經是自由意志的實踐。志向行為肯定是有頭腦的「高等動物」所必備,但也是許多昆蟲(例如覓食的蟑螂)的求生技倆。據說機械人在成功學習後,也可以作出志向行為呢。

5. 硬性決定論盔甲上的裂痕

「硬性決定論」言之成理,在拉普拉斯的18世紀,反面的證據畢竟不太顯著。但近百年興起的「量子力學」、「統計力學」和「混沌動力學」找出了「硬性決定論」盔甲上的裂痕:原來世間竟然有不可預測的現象!

5.1. 微觀世界的不可預測現象

測不準原理

量子力學有一條著名的測不準原理;它說任何物體的

---

23 Purposive behaviour,通常譯作「有目的的行為」。

「動量」與「位置」不能同時精確測定：若量度動量的誤差是Δp，量度位置的誤差是Δq，則

$$\Delta p \times \Delta q \geq h / 4\pi \qquad\qquad 公式 (5.1)$$

h叫做普朗克常數。[24]

這原理違背了拉普拉斯的硬性決定論；後者假設任何質點的位置與動量都可以同時、無限準確地決定。但若某物體的位置可以無限準確地決定：Δq趨於零，則根據公式 (5.1) 這物體的動量誤差Δp同時只能趨於無窮！

或然現象

重量元素往往不穩定，自然產生蛻變：一部分的原子核釋放α粒子(氦原子核)、β粒子(電子)或γ射線。原子核蛻變時，我們只知蛻變的或然率，根本無法預測那一顆原子會進行這些蛻變。

例如一部分釙（$^{210}_{84}\text{Po}$）原子核經歷α蛻變而變成鉛（$^{206}_{82}\text{Pb}$）：

$$^{210}_{84}\text{Po} \rightarrow \,^{206}_{82}\text{Pb} + \,^{4}_{2}\text{He}$$

在任何時間，我們不知道這蛻變會輪到那一顆釙原子核。每138.376天，一半$^{210}_{84}\text{Po}$原子核自動變成鉛原子核；但我們不能預知究竟會是那一半。

「無所不知」的拉普拉斯妖精在這裏果真能夠預知那一顆原子核會蛻變嗎？

---

24 Planck's constant，等於6.626×10^{-34}焦耳．秒。

分子間的碰撞

　　在宏觀世界，我們不知道分子、原子運動的細節，只感覺到大體的宏觀現象。例如「溫度」的概念，是億兆個分子互相碰撞下出現的湧現特性。無所不知的拉普拉斯妖精果真有追本趨末的特異功能，達到微觀細節預測的要求嗎？

5.2. 宏觀世界的不可預測現象

　　以上的質疑都牽涉到微觀世界的現象；它們或可能互相抵消，在宏觀世界露不出破綻來。活在二百多年前的拉普拉斯本人並不知道微觀世界存在的細節；他所倚靠的是牛頓發展出來的宏觀定律。

　　但新興的混沌動力學指出：甚至在「決定性的」宏觀經典力學，[25] 控制物體動態的一些重要的非線性方程式會顯出「蝴蝶效應」；輕微的改變可以引出巨大的影響。答案有效數字的數目便會因此隨着時間不住低降；當這數目降低到0之後，答案誤差的大小已相當於答案本身的數值；答案便喪失了任何意義了。

　　這可以說是「以子之矛，攻子之盾」，我們竟然可以在拉普拉斯所根據的宏觀科學裏，正面找出硬性決定論的破綻。我們將在第十二章討論這重要的問題。[26]

6. 自由意志與社會

6.1. 因果律、自由意志與社會

　　宇宙的運行要靠因果律；假使沒有因果律，天下 (甚至天

25　「決定性的」(Deterministic) 是「只有單一答案的」。
26　見第十二章第5節。

上) 必然大亂。今日人類社會的運作，要靠社會成員的自由意志；假使沒有自由意志，社會便會淪入不可收拾的地步。吊詭的是，我們既然不能證明因果律，因此也不能證明自由意志的存在。

自由意志是社會人群凝聚的因素、道德倫常的基石。宗教信仰和戒條往往假設自由意志：(自由意志下的) 善行得到獎勵；(自由意志下的) 惡行得到懲罰。例如猶太教、基督教有「十誡」明文，不得違背；但理論上十誡的建立，由於人仍然擁有違背教條的自由，不過觸犯天條的人會得到懲罰罷了。

6.2. 自由意志與傳統

我們不住受到多種外在、內在條件的影響；自由意志，假如存在，是在這些眾多影響之下所作的決定。它究竟是否果真自由？這是一個大問題。

我們且問：DNA 是不是我們祖宗傳下的、控制我們行為的先天硬性教條？教育是不是外來、後天「軟件程式」的灌輸？「人云亦云」算不算是自由意志的表現？世上究竟有多少工作，需要自由意志的發揮？有多少工作，應該用得着自由意志，卻被別的方法「越俎代庖」呢？

在歐洲中古封建時代，君王、教主的自由意志高於一切，大多數人民受到專制政治、宗教和經濟環境的縛束，行使自由意志的權力非常有限。但文藝復興以來的歐美近代史，可以說是人民自由意志逐步發揚的歷史。選舉投票更是公開表達自由意志的渠道。

在古中國，「天、地、君、親、師」是儒家學說所灌輸的盲目忠誠對象；至少在明、清兩朝，中國人民與中古歐洲

人民同樣缺乏行使自由意志的機會。近百年來西風東漸，思想才逐步解放。但中國人仍保存着濃厚的家族觀念，我們每每接受家長的意願當作自己的意願；自由意志便備而不用了。雖然如此，最低限度，中國在100年前罕見的的自由戀愛，在現在的中國已是理所當然，可惜「父母之命、媒妁之言」的盲婚制度仍然是印度和許多伊斯蘭教國家的習俗。

中國人通常接受自由意志和因果律的存在，並不拘泥於細節邏輯的證明所引起的爭辯。但中國傳統的所謂「因果」一詞，其實來自佛家的輪迴概念，與西方「有因必有果」的因果律不同，而是世人運用自由意志所引起的可能賞罰報應。報應可能立即施行，可能出現在天堂、地獄；來世投胎的指向；或子孫得到的禍福。這賞罰的執行權威，言人人殊：可能是陰曹地府的閻羅王、天上的玉皇大帝、甚至呼風喚雨的雷神、或中國人從前相信、家家戶戶都有的灶君。

7. 自由意志與信徒

許多人相信自由意志，但也有些人認為世間根本沒有自由意志。認為自己沒有自由意志的，已經是奴隸；即使他其實擁有自由意志，他也早已經棄權了。相信自由意志的人卻看到一線曙光。

表1. 自由意志與信徒。

自由意志	信徒	非信徒
假如存在	是擁有真理的人。	是甘願棄權的奴隸。
假如不存在	是抱幻想的傀儡。	是擁有真理的奴隸。
假如不知存在與否	認為：自由固然未蒙肯定，也未遭否定。	奴隸是當定的了。

英國理論物理學家戴維斯說：[27]

即使自由意志果真是空中樓閣，它也是值得支持的虛構。

榮獲1978年諾貝爾文學獎的辛格更有一句充滿吊詭、令人尋味的口頭禪，[28]

我們必須相信自由意志；我們別無選擇。

筆者相信自由意志，認為我們應該運用自由意志。它解放我們，使人類文化百花爭妍、多采多姿。但跨國大企業有點像拉普拉斯的妖精，不容自由意志存在：在廣告宣傳之下，一部分人的判斷力和品味有隨波逐流、盲目認同的傾向。他們的自由意志到那裏去了？備而不用的自由意志等於沒有自由意志！[29]

我們且部分修改在另一拙作講過的煽動性口號：[30]

起來！不甘被奴役的人們！
價值觀和決斷就是我們心的長城！

---

27 "But even if…free will is really an illusion, it may still be a fiction worth maintaining."。見Paul Davies, "The world's most dangerous ideas: undermining free will," *Foreign Policy*, Sept.–Oct. 2004, pp. 36–38。

28 Isaac Bashevis Singer (1904–1991)："We have to believe in free will, we have no choice."。保羅 · 戴維斯在*Foreign Policy*一文裏也引用了這名言，見註27。

29 「盲目認同」或是自由意志下的決定。但也許更可以說是惰性的表現。

30 陳天機：《大自然與文化：環境、創造和共同演化的故事》，(香港：中文大學出版社，2006)，第422-3頁。

IV
小我與大我

八

向盜窟取經
異同與彼己

1. 楔子：向盜窟取經

1.1.「盜窟實驗」

　　1954年，美國社會心理學家謝如夫兩夫婦作過一個著名的「盜窟實驗」。[1] 他們在美國奧克拉荷馬州將二十二位互不相識的十一歲男童平分成兩組，分別坐公共汽車到度假勝地「盜窟」露營三星期。[2] 當初每組都不知道另一組的存在，也看不到另一組遠隔的營地。

　　在頭一個星期，每組成員歡天喜地，自己決定組名 (飛鷹隊；響尾蛇隊)，自動設計、進行文娛活動。

　　主持人製造機緣，讓兩組相遇。他們合辦友誼球賽，但不久便發生爭執。A 組搶了 B 組的組旗；B 組當天晚上劫了A組的營。

　　主持人設法調停，舉辦自助晚餐大會。兩組卻當面吵鬧起來，把食物丟了一地，不歡而散。

　　主持人於是製造了一些必須兩組合作才可以解決的問題：供應兩營自來水的大水管破裂了，必須多人查勘、修

1　Muzafer Sherif (1906–1988) 生在土耳其，是社會心理學始創人之一。他和Carolyn Sherif (1922–1986) 都是美國知名的夫妻社會心理學家。
2　盜窟 (Robbers' Cave)。

理；運送糧食的大卡車輪子陷入泥濘裏，要兩組成員合力推車；人人想看的大電影租金太貴，需要兩組將經費合流。在同舟共濟之下，每組漸漸認識對方，改變自己過去的成見。

拔營回家時，兩組自動提議乘坐同一部公共汽車回家。在中途站，一組甚至將剩餘的公款購買零食，與另一組一同享用。

1.2. 盜窟實驗的啟示

盜窟實驗一共做了三次，結果大致相同。其中有一次，主持人特地找A組每個成員的好朋友，放入 B 組；兩組仍然經過互相敵視的階段。

2. 傲慢與偏見：社際關係

原來我們直覺地將世人分成兩派：「我們」與「他們」。「我們」是一個有「我」在內的團體；「他們」是一個沒有「我」在內的團體。大家都是異質世界裏面的次系統。但「我們」怎樣看「他們」呢？

「我們」	「他們」
好	壞
人人像我	(根本沒有面孔)
能幹	無能
公平	徇私
沒有偏見	皂白不分、偏見太多
敗因：運氣不好	勝因：僥幸而已

原來人人都傾向於擁護「我們」，而懷疑、猜忌「他

們」。「我們」與「他們」的定義可以隨時由於種種因素而改變;現在的「我們」看不起現在的「他們」,即使現在的「他們」也是不久之前的、「我們」的成員。

很可能「我們」與「他們」之分,在太古穴居時代早已形成,使人類祖先在生存競爭裏佔了優先。「我們」可能是「與我同居一穴,給我安全感的人」,「他們」可能是「闖進我的穴洞,可能來意不善的陌生人」。但在今天的文明世界,光靠「我們」與「他們」之分,便貿貿然作為「友」、「敵」之定義,是非常不智的。我們且再討論怎樣面對這個重要的問題。

傳說法國拿破崙時代有一位叫做沙文的大兵,[3] 他認為法蘭西樣樣都是好的,外國樣樣都是壞的。沙文到處狂熱宣揚己見,為世譏評。這位大兵是19世紀舞台劇《三色花瓣圖案》的主角,[4] 實際上相信並無其人;但「沙文主義」一詞因而誕生,代表自大排他的狹隘愛國主義。[5] 這毛病非常普遍,尤其在亞洲。我們會不會一面笑罵別人自大排他的沙文主義,而自己卻不知不覺地掉進同一個心理陷阱呢?

2.5. 消除社際偏見

大致來說,消除社際偏見的辦法有三種:

a. 摘掉帽子。[6] 亦稱「個人化」。[7] 認識「他們」成員個人,不要理會他們的社團名稱:了解他們也是圓顧方

3　沙文 (Nicholas Chauvin).

4　《三色花瓣圖案》(*La Cocarde Tricolore*):紅、白、藍是法國國旗的顏色。劇作家是康雅迪兄弟Charles T. & Jean H. Cogniarde (1806–1872; 1807–1882)。

5　Chauvinism.

6　Decategorise.

7　Personalise.

趾、有血有肉、會哭會笑、與我們大同小異的人。

b. 改戴大帽子。[8] 認同大家都是「大我」的成員，[9] 理應同舟共濟，無須互相歧視。本文楔子所講的盜窟實驗固然說明人際醜陋的一面，但也提出實驗管理人的一個解決之方：合作解決共同面對的問題。

c. 加戴大帽子。[10] 確認「大我」之下，不同社團的貢獻。這些貢獻是「他們」可能最具關鍵性的優點。

看來這三個辦法的施行有先、後之分，我們大致可以先採取 (a，b)，消除自己的敵意，保障他人的合理權益，嘗試合作，然後進到 (c)—「和而不同」、「各盡所長」的境界。

這些策略，等於把「他們」變成不同層次的「我們」。歸根結底，最重要的一環，可能還是自我的警惕。我們每人該盡量抗拒偏見心魔的誘惑。

3.「純」與「雜」

一個系統可能含有多種單元。只含有一種單元的系統便是純的(同質的)；含有不止一種單元的系統便是雜的(異質的)。

同一系統 (例如某地區的所有公民) 可以根據某一種看法是純的 (大家都是公民)，根據另一種看法卻是雜的 (例如有高、矮；肥、瘦；老、幼；貧、富之別)。少數單元也可以組成純的次系統，例如身高六呎的公民，可以組織自己的「高人一等俱樂部」。

8　Recategorise.

9　The common ingroup.

10　Subcategorise.

3.1. 純質的尋求

自然產生的物件多數含有雜質。通常的物理、化學方法除「雜」取「純」，往往有自然的限度。例如用重複蒸餾方法提煉酒精，只能達到95.6%的純度；[11] 要超越這極限，可能違反經濟原則，吃力不討好。

生物界卻顯然不同：不同的物種交配，往往不能產生兒女；即使有兒女，往往不能有孫兒女。雌馬與雄驢交配，生出來的是往往不能生育後代的騾子；雌驢與雄馬交配，生出來的是往往不能生育後代的駃騠。[12]

異質之害

雜質的介入往往影響物質的性能。今天微電子技術所用的硅晶片，需要達到前所未有的純度 (超過99.9999%)，方能發揮他的「純硅晶片」功能。

古羅馬帝國的衰亡，據說是由於鉛毒。羅馬人喜歡喝酒；錫酒杯裏有溶解在酒裏、不受注意的有毒雜質：鉛。鉛侵犯羅馬人的神經系統，可以把嗜杯中物的酒徒，變成神智不清的白癡。

污染可以說是人類文化的副產物。工業革命固然帶來空前的繁榮，也推出了前所未有的大量工業廢料；世界人口不住增長，人民生活不住複雜化，廢料的種類和數量也不住飛躍增加，早已超越大自然所能自動消化的極限。

城市、工業污染將動物肝炎病毒和有毒的金屬鎘傳入貝殼類海產，到頭來毒害了食用這些海產的人類；城市污染也

11　以容量計。
12　騾子 (Mule)，駃騠 (hinny，亦稱驢騾)。雄騾和雄駃騠都不能生育後代；雌騾與雄馬、雄驢交配也偶能生育後代。雌駃騠生育後代，可考的據說只有「與雄驢交配」的一例。

讓藻類在水岸邊大量繁殖，奪取水中的氧氣，窒息魚類。食物的污染還包括青菜、水果裏殘留的有毒殺蟲劑；羊腦裏蛋白質用作牛隻飼料引起的「瘋牛症」；[13] 雞、豬帶來的流行性感冒病毒。在2008年，中國的無良企業作假牟利，利己損人，將工業原料三聚氰胺混入牛奶，[14] 引起5萬多嬰兒的腎結石，更嚴重傷害了中國產品的國際聲譽。[15]

今天最嚴重的污染問題，是空氣的污染，尤其是工廠、汽車排出的碳酸氣引起的全球暖化，使冰山溶化，海位升高，海島國家更有「陸沉」之虞。

生命是頑強的，一部分總會度過這些人為的災難；不過劫後餘生卻未必包括製造污染的人類。

單雌生殖

有些動物履行「單雌生殖，[16]」排出未經受精的卵子；但它們可以孵化，產生下一世代的雌性個體。不少物種，例如一種蜥蜴，[17] 後代全是雌性，擁有與母親相同的 DNA。原來它們已經「喪偶」好幾千萬年：雄性個體早已完全絕滅，一隻不留了。

13　瘋牛症 (Mad cow disease)。這蛋白質叫做朊毒體 (prion)。
14　三聚氰胺 (Melamine)。
15　通常食物的蛋白質含量的測定，是根據食物的氮元素含量間接推出的。不法之徒將飽含氮元素的三聚氰胺混入牛奶，產生高蛋白質的假像，謀取利益；三聚氰胺在嬰兒體內產生腎結石，可能引起死亡。見維基百科，「2008年中國奶製品污染事件」條，2014年8月18日，09:17。
16　Parthenogenesis.
17　學名 *Cnemidophorus neomexicanus*。

複製[18]

　　複製是最純的品種繁殖方式，產品的 DNA 與母體雷同。第一隻複製成功的高等動物，是蘇格蘭的母綿羊多麗。[19]她從一隻六歲母羊的乳房細胞複製出來，而且已依正常途徑懷孕，產下女兒班妮。[20]但多麗來自一隻成年母羊的細胞，可以說一出生已經成年，因此「未老先衰」，7歲便死去了。從2004年開始，市面已有複製寵貓服務；每隻複製品售價數十萬港元。

3.2. 異質之利

　　異質也可能有許多好處。中國在春秋時代已經懂得煉鋼；鋼只是鐵和少量碳 (0.5–1.6%) 的結合。碳的同位素 C–14是碳的雜質；它帶有放射性。這雜質的相對含量讓科學家利用來估計含碳古物的年齡。

　　第三章楔子指出，遠古地球大氣層沒有氧氣；後者主要來自太古生物排出的廢氣，初時氧氣只是雜質，現在卻是絕大多數生物新陳代謝所必需。

追求混雜的生物

　　生物也追求混雜，製造性能不同的後代個體，使物種在不住改變的環境中免於絕滅。高等動植物雌雄交配，後代的基因，只有父體基因的一半，母體基因的一半，而與兩者都不盡相同。細菌更經常在互相邂逅時交換基因。

18　Cloning.
19　Dolly.
20　Bonnie.

　　人類近親婚姻，容易生下白癡。這問題嚴重威脅中國偏僻的農村，和歐洲日漸萎縮的王族。在上古的埃及，法老兄妹聯婚卻是家常便飯。

　　演化論的開山祖師，英國的達爾文「親上加親」，娶了親表妹。[21] 雖然這婚姻產生白癡的可能性是1/4。但達爾文的後代人才輩出，想是從另外的3/4生下來的。

不純的藝術

Variety is the spice of life. (多樣性是生命的情趣點綴。)

──英諺

　　音樂如只有純音 (例如每秒振盪440次的A單音)，便索然寡味。作律詩、絕詩，也需要運用平、仄兩聲。總而言之，發揮藝術才能，起碼需要採用兩種原料。

　　有人說：「藝術是一種語言」。語言因此也起碼需要兩種原料。語言可以用數字來代表。用二進數字的語言，我們可以輕易地傳達訊息；光靠「0」碼，或光靠「1」碼，都非常困難，因為可以傳達的只有碼的長度而已。

　　在生物世界裏，生命的主角是DNA；它包含四種鹼基 (簡稱為 C, G, A, T) 的冗長直線排列，這排列可以說是一種運用「四進數字」的作品。每隻生物的遺傳基因都來自這作品的片段。[22]

21　Emma Wedgwood.
22　見Wikipedia, "Gene" 條，2014年10月5日，09:54。

盲點的消除

　　在人類社會，人人假若背景相近，便可能具有同一的「盲點」，不能解答一些重要的問題；我們往往稱這現象為「當局者迷」。外來的人反有「旁觀者清」的優勢，所以語云：「他山之石，可以攻玉」；戰國時代在秦國得到重用的「客卿」，便是例子。[23]

　　筆者認為中國人往往可以解決外國人遇到的難題；但同樣地，外國人往往也可以解決中國人解決不來的難題。我們在第3.5節將再討論這問題。

3.3. 同異互變

　　純系統可以變成雜系統；多數單元可能自動變成少數單元。例如放射性元素碘-131 ($^{131}_{53}$I)，一半在8.02天內會自動蛻變成惰性氣體氙-131 ($^{131}_{54}$Xe)。多細胞生物的胚胎不同部分都是由相同的細胞組成的，但它們自然分工，形成不同的四肢五官。人類心靈經歷轉變，也可以受外界道德、信仰力量影響，「放下屠刀、立地成佛」。

　　少數民族可能藉着滲透、混和、移民、婚姻、侵略等形式，直接介入同質民族，把後者變成異質民族。在異質民族裏，不同的次民族可以和平共存；也會互相作用，此消彼長。少數民族甚至可以接受「同化」，變成多數單元群體的成員，因而整個異質系統也可以在短期內變成 (被認為) 同質系統。在異質民族裏，少數民族也可以組合起來成為一個 (比較上) 同質的次民族。

23　這是戰國時一國封予外國人的官職。當過秦國客卿的人包括厲行法治的衛國人商鞅 (前395–前338)，游說六國連橫事秦的魏國人張儀 (?–前310)，和秦丞相楚國人李斯 (前284–前208)。

3.4. 中華民族

今日世界上的人類都稱為智人。現在歐洲、亞洲的智人據說早已雜有1–4%的尼安德圖人的血統了，而東南亞和南太平洋的居民更有丹尼索瓦人的血統。[24] 幾萬年來，智人的不同分支更互相通婚；現在已沒有所謂「純」的種族。

中華民族是五十六種民族的合體，其中人口最多的是漢族，佔中華民族的94%；但漢族本身其實也是許多古代不同種族的合流。我們且從一兩個有趣的歷史角度看漢族的「純度」。中原的文字文化始盛於三千多年前的商朝；但據說商民族來自東方海邊的東夷。商朝被周武王推翻；周、羌民族和平合作，互相通婚；武王的賢相呂尚 (姜 (羌) 太公) 顯然屬於西方的羌族。武王伐紂時有八個友好民族參戰：庸、蜀、羌、髳、微、盧、彭、濮。[25] 據說濮族就是現在雲南的彝族。這八個友好民族的戰士，在滅商之後大概留在中原，介入了中原人的血統。

從周初的黃河流域擴展到現在的中國，三千年來許多古時的外族也都變成今日漢族的一部份。他們對漢文化的影響，仍然可以在今日語言上看出來。越王勾踐臥薪嘗膽的故事，至今世人仍然津津樂道；其實他當時屬於半蠻夷的越族而非漢族。在春秋時代，長江以南廣闊的地帶 (不止越國)，都是越族的天下。今天的廣東話仍保存了部份越族的「倒裝文法」，將「公雞」叫做「雞公」。

318–581年，五種異族 (匈奴、鮮卑、羯、氐、羌) 藉着武力在華北建立國家，漢族文化遭到前所未有的嚴峻考驗，史稱「五胡亂華」。但五胡為漢族輸入了新血、制度，帶出初

---

24 已見第四章第4.4節。
25 見《書經‧牧誓》；這是傳說中武王伐商當日清晨的誓師演詞。

唐的盛世。[26] 唐太宗的祖母獨孤氏、母親竇太后、妻子長孫皇后，都有胡姓。看來唐太宗的父親，唐高祖李淵，只是半個漢人，唐太宗本人只是1/4個漢人，他的兒子李治 (唐高宗) 只是1/8個漢人而已。原來「五胡亂華」後，中原「重新漢化」的先鋒竟是擁有過半胡人血統的初唐君主！其實大部分的胡族那時都已被漢文化吸引、被同化了。此後的「漢人」大都帶有胡人的血統；「漢人」一詞只代表「接受漢文化的人」。

外族學中國話，總有點困難；他們在中國建立自己的政權後，自然不過地簡化了漢語的發音。在魏、晉南、北朝時代 (220–589)，五胡簡化了中原的漢音；部分上古漢音仍然保存在福建和台灣。後來中古時代遼、金、元相繼侵宋 (960–1279)，再度簡化了中原的漢音；部份中古中原漢音仍然保存在廣東和廣西。

明朝末年滿清入關 (1644)，據說將廣東人、台灣人認為最難學的捲舌子音：

zh: 周 (zhōu)；ch: 陳 (chén)；sh: 閃 (shǎn)；r: 熱 (rè)。

帶進了中原，成為今天普通話的一個特色。現在的漢族，不但擁有外族的血統；也天天使用這些經過外族影響的語音和語法。

4. 社會心理，「群體極化」與「團體迷思」

4.1. 社群

人類群體：社群，是由眾人互動所產生的湧現特性。作

26　唐朝 (618–907)。

為群體，它可以做單個成員做不出的事；最簡單的例子是第五章、臨界效應所說的「扛鼎」。[27]

人類群體最重要的團結因素相信是語言。講者A能夠通過語言表達自己；講者B也能夠通過語言，講出他對A的意見的看法。一組人大致相同的看法變成「共識」，帶來「合作」的實踐。人類群體合作的積累，帶來文化。我們的社會、文化都是個人合群互動的結果；現在絕大多數的人已經不能脫離人類群體而繼續作有意義的生存了。

社群不但影響成員的心理；整個社群的判斷、行為也彷彿有心理可循。「社會心理學」是探討這些問題的學問。[28]我們在這裏只能作極端粗略的介紹。

4.2.「群體極化」與「團體迷思」[29]

我們對事物、現象，通常都抱有意見，作為自己行為的準則。同樣，社群對事物、現象、在成員互相「交換意見」後，也往往也取得共識，作為社群整體下一步行動的準則。

不同個人的意見未必相同；社群的共識通常也不能吻合所有個人的意見。我們因此有種種公認的機制，作為達到共識的手段；例如「少數服從多數」。但事實是否這樣呢？

會議的決策，理論上應該反映眾成員的思維，但實際上竟然大異其趣。決策往往比任何成員的意見更為極端：通常更加激進冒險，但有時也更加保守。這出人意表的現象叫做「群體極化」。[30]一個重要的例子是1940年代納粹德國屠殺

---

27 第五章第4.3節。
28 Social psychology.
29 群體極化 (Group polarisation)；團體迷思 (groupthink)。
30 1961年，美國麻省理工學院James Stoner 的碩士論文首次討論這問題。他發覺一個團體的決定比團體內、未開會前平均的個人決定要更加

猶太人的可怕決策；參與決策的一群變得愈來愈激進，結果揚棄了良知，以滅絕整個種族作為神聖的使命。現在不少極端武力組織的暴力行為相信也是群體極化的表現。

　　一班人只求達到共識，不惜揚棄合理的決策步驟，而且不讓其他參與成員有質疑的機會，居然會鑄成大錯，一致定出愚不可及的決策。這令人震驚的「思維方式」叫做「團體迷思」。[31]「團體迷思」參與者但求結果行動的一致，不惜違背自己的良知。表1將兩種不良的決策方式略作比較。

表1. 群體極化與團體迷思

群體極化	團體迷思
開始時已有相當的共識；參與者互相推波助瀾，使最後決策更加極端。	部分參與者「一錘定音」，定出未必正確的決策；在「一言堂」環境中，受影響者被逼作違心的附和、贊同；結果忽略了、或阻止了，其他可能更正確、更有效的方案。

　　西方「團體迷思」一個顯著的例子，是1961年美國甘迺迪總統與幾位顧問的決策，[32] 支持流亡美國的古巴人，進攻古巴豬玀灣，[33] 一心以為古巴平民在卡斯特羅共產政權之下，[34] 身處水深火熱，渴望解救，如大旱之望雲霓；結果在登陸幾天內竟然全軍覆沒，為世譏笑。

　　2003年，美國在小布殊總統任內，[35] 以對方窩藏大殺傷

大膽冒險。他稱這現象為"risky shift (具有風險的改變)"。見Wikipedia, "Group polarization" 條，2014年7月28日，11:31。

31　亦譯「團體盲思」、「群體迷失」、「趨同思維」、「從眾思維」。見Wikipedia, "Groupthink" 條，2014年9月22日，17:22。

32　John F. Kennedy (1917–1963)，美國第35任總統。

33　Bay of Pigs.

34　Fidel Castro (1926年生)，古巴共產主義革命家，1959年內戰勝利後主宰古巴政權51年，2010年正式引退。

35　George W. Bush (1946年生)，美國第43任總統。

力武器為理由，揮軍進侵伊拉克，但始終找不到所標揚的大殺傷力武器。他出師無名，結果泥足深陷。雖云當時情報錯誤，[36] 實際上他輕舉妄動，而懷疑者卻一言不發；這也是團體迷思的一個重要例子。

通常「少數」服從「多數」，甚至在「多數」顯然錯誤的時候，也往往如此。但擇善固執、堅持原則、堅貞不移的「少數」，往往能取得最後的勝利。他們是社會的原動力。「可以燎原」的「星星之火」。

1962年10月，美國發現蘇聯在古巴佈置了瞄向美國的飛彈。甘迺迪總統在處理危機時顧及「團體迷思」的可怕，邀請專家參加討論，鼓勵幕僚發揮意見，並將他們分組討論，甘迺迪個人更避免出席，以免不必要地過份影響大局。古巴飛彈危機結果完滿解決：蘇聯拆卸了在古巴的飛彈，美國也不動聲息地撤退了在土耳其安裝、瞄向蘇聯的飛彈。

革命

社會革命往往帶出當初無人想像得到的後果；這些是不是在動亂的場合「群體極化」和「團體迷思」的極端表現？

我們不難想像，自己可能有一天會蹈入「群體極化」甚至「團體迷思」的漩渦。我們在這些場合，能夠做的是：仔細考慮當前的事實、推論的合理性和決策可能產生的後果，更不要忘記自己的良知、做事的原則。

---

36 2005年，美國中央情報局公開承認在伊拉克找不到大殺傷力武器。關於這戰役的決策背景請參看http://www.psysr.org/about/pubs_resources/groupthink%20overview.htm

4.3. 中國近代史的「團體迷思」

中國近代史有沒有出現過「團體迷思」？在世界史中，中國的「大躍進」和「文化大革命」都是轟天動地、幾乎舉國若狂的團體迷思，部分原因 (例如大躍進) 是由於當時領導的無知、盲動、輕信，和幹部妄顧後果、偷天換日的騙局。另一部分 (例如文化大革命) 卻是由於領導的挑撥和青年自願的盲目膜拜；抱異見者或被公開揪鬥，或噤若寒蟬，以冀明哲保身。

大躍進：土法煉鋼 (1958-1961)

1958年，中國開始了大躍進運動。[37]「超英趕美」的口號響遍全中國大陸。毛澤東主席公開宣布：15年超英、20年趕美。五年計劃的第一年 (1958) 鋼鐵生產，預料會達到1957一年的兩倍。計劃中主要的鋼鐵新來源，是民間小規模、溫度嚴重不足的「土法煉鋼」爐。在政府鼎力、盲目提倡之下，幾乎家家戶戶都耗費大量時間，消費巨量燃料，將有用的工具熔化，變成廢鐵疙瘩。[38] 1959年毛主席參觀當真生產的鋼廠，才當真知道高溫技術的重要，同年土法煉鋼運動便無疾而終。這盲動破壞了經濟、浪費了資源，幸虧沒有引起人命的損失。

大躍進：畝產萬斤之謎 (1958-1961)

大躍進運動的另一面是「以糧為綱」。中國水稻平均每畝收成通常只有稻米800斤，政府希望蘇聯李森科所提倡的深

---

37 見維基百科「大躍進」條，2014年9月13日，02:06。
38 據估計當時全國共有土法煉鋼爐600,000座。

耕密種技術可以突破正常產量，[39] 好讓國家將穀物換取東歐國家的工業產品。

忽然全國遍唱「畝產萬斤」的天大喜訊。每一宗喜訊原來都是幹部的浮誇騙局；最高謊言紀錄是廣西環江縣紅旗人民公社城管大隊水稻畝報告的 13萬0434斤10兩4錢。[40] 這是「群體迷思」和「自我催眠」下產生的怪象。作假的固然是騙子；但在1958–1961年，甘心受騙的竟然是全國大多數的新聞傳播人員、政治領袖和科學家。

著名的中國科學家錢學森[41]也說過：如將地面接受的太陽能的30%生產糧食，畝產萬斤是可能的。但植物光合作用的效率通常只有1.2%，竟然相差25倍！據說毛澤東主席相信了這荒誕的神話。[42] 但那些騙子並沒有公開他們偉大突破背後的超卓生產技術，而異見人士大都一聲不響，全國糧食生產不進反退。政府根據浮誇的數字照抽糧稅，引起了嚴峻的饑荒，餓死了農民1千4百萬。[43] 結果毛澤東引咎辭去大部份職務，只留下「中共中央委員會主席」一銜。

---

39 Trofim Lysenko (1898–1976) 蘇聯農學家，提倡「唯物主義的」農業和生物遺傳學，在史達林大力支持下排除數以百計的異己遺傳學家，控制蘇聯生物學界達25年 (1929–1964)。但他所大力主張的社會主義農耕方法（「春化」(vernalisation)，將種子浸水，用雪覆蓋過冬) 所報導的豐收後來被證實是虛假的。1964年後在科學家群起攻擊之下李森科才丟掉了大部分職務。

40 http://www.kxwsl.com/ReadNews.asp?NewsID=2150

41 錢學森 (1919–2009)，氣體動力學和火箭學專家。

42 方舟子："畝產萬斤"的誤區， 2005年3月23日。見http://tech.sina.com.cn/d/2005-03-23/0826558559.shtml

43 這是官方公佈的數字。

十年浩劫：文化大革命[44]

　　1966年5月，毛澤東企圖東山復出；中共中央副主席林彪推波助瀾，廣派毛澤東語錄，發動了所謂文化大革命。年少無知的初中程度青年自詡為紅衛兵，到處遊行，高呼「造反有理」口號，批鬥他們所認為的「反動權威」，紅衛兵分成好幾派，都以擁護毛主席為名，互相傾軋，大打出手。學校也無限期停課。

　　雖然理論上文化大革命在1969年已經終止，但它所引起的流風餘毒，經歷了副主席林彪的叛亂、毛妻江青的四人幫奪權運動，直到1976才當真告一段落。[45] 在這「十年浩劫」的時間，珍貴的文物遭到破壞，無辜知名人物被殺傷或被迫自殺，[46] 國家整個世代的青年失去了接受教育的寶貴機會，變成「不學無術」之徒。

　　事過境遷。後來中國官方的評語是：[47]

　　文化大革命是「由領導者 (毛澤東) 錯誤發動，被反動集團 (林彪集團和江青集團) 利用，給黨、國家和各族人民帶來嚴重災難的內亂」。

---

44 見維基百科，「文化大革命」條，2014年10月6日，02:43。

45 林彪 (1907–1971) 據說設計了「571」(「武起義」) 工程，企圖行刺毛澤東主席，陰謀被發覺後全家坐飛機出逃，飛機在外蒙失事，無一生還。毛澤東第4任妻子江青 (1914-1991) 在文化大革命時期受毛澤東重用，與張春橋、姚文元、王洪文組成「四人幫」極左集團，企圖奪權，一時炙手可熱，到處宣稱「中國也可以有女皇」。毛澤東在1976年9月去世；一個月後接班人中共中央副主席兼國務總理華國鋒拘捕了「四人幫」。江青被判死刑，後來改為無期徒刑，1991年自殺。

46 國家主席劉少奇當時也被迫害至死。

47 1981年6月27日中國共產黨第十一屆中央委員會第六次全體會議一致通過的《關於建國以來黨的若干歷史問題的決議》。

5. 東西文化的異同

東西文化來自很不同的傳統，在宣揚全球化的今天，仍然存在很大的差異。我們應該檢討自己，策劃將來，保留自己傳統的優點，汰除傳統糟粕；同時認識他山之石或可以攻傳統之玉。

5.1. 西方直線式的人生觀

西方傳統的人生觀屬於直線式：每人只活一次 (死後可望升天堂)。甚至在西方發展的熱力學第二定律也說：在封閉系統裏，秩序只有一個方向：有減無增；這正是英國天文學家愛丁頓所稱的「時間之箭」。[48]

但在生物系統裏，秩序卻有增無減，生物背着反方向的時間之箭。因為生物系統是開放的，絕非封閉；生物系統外的宇宙：秩序仍然有減無增，而且「減」的程度絕不小於生物系統所「增」的程度。整個宇宙背着最偉大的時間之箭：秩序依然有減無增。

光陰是循着直線方式，一去不回的。甚至東方的孔子看着滾滾河流，也嘆道：「逝者如斯夫，不舍晝夜！」

5.2. 東方循環式的人生觀

但西方傳統也說：你本為塵土，復歸塵土，[49] 指出大自然循環的一面。

東方的人生觀基本上是循環式的：我們的祖先有悟於晝

---

48 已見第六章第2節。

49 "Dust thou art, to dust returnest." ----Henry W. Longfellow (1807–1882)，美國詩人。原文 "Dust thou art, and to dust shalt return." 來自《聖經·創世紀 3:19》。

夜的更迭、月亮的盈虧、四季的迴復，發展了循環的宇宙觀。周武王伐紂，我們不清楚在哪一年、哪一月；但肯定那天是「甲子」日；「甲子」是周期「60」的循環記日方式的一例。[50]

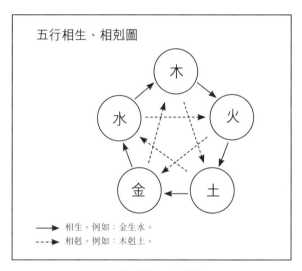

圖1. 五行相生、相剋圖。

　　我們的祖先創造了「木、火、土、金、水」五行循環相生相剋的哲學理論，[51] 更接受了印度佛教傳來的輪迴因果觀。佛教提倡修行，藉以超越單調無奈的輪迴；但大多數中國人卻不願超越輪迴，只望有個更美好的來生。

50　次序是由兩個循環系統：天干：「甲、乙、丙、丁、戊、己、庚、辛、壬、癸」和地支：「子、丑、寅、卯、辰、巳、午、未、申、酉、戌、亥」拼合而成的。「甲子」之後是「乙丑」。這排列可以用在年、月和日；但西周文獻只說那一天是「甲子」日。

51　木生火、火生土、土生金、金生水、水生木；木剋土、土剋水、水剋火、火剋金、金剋木。

5.3. 人生觀的調和

西方直線式的人生觀可説是一維空間的自然產物；東方循環式的人生觀描出嵌在二維空間裏的一個圓圈。兩種看法是否互相衝突？三維空間又可以供應甚麼啟示呢？

我們可以從一顆螺絲釘得到啟發。它一面緊握現實，在二重空間裏依循東方式的迴環；但同時向第三空間不住作直線式的邁進。我們活在晝夜、四季迴環的環境，但有大好機會發展自己，創造更美好的將來。東西的不同看法，可以融和，並無衝突！

願每一位讀者都做大時代有血有肉、但各對社會有獨特貢獻的螺絲釘。

6. 小結：彼、己之判

盜窟實驗指出，若我們強調「我們」「他們」之分，便很容易引起爭執。我們應該盡量欣賞他人對「大我」的貢獻，更要採取開放的胸襟，盡量滌除偏見，嘗試了解他人的觀點、理論，接納他人優勝之處。自己的東西未必比人家的好；不宜閉關自守，自我陶醉。在今天的 社會，多元文化可以一齊演進，百花齊放，爭妍鬥勝，各有千秋，。

社會是由許多不同背景的人組成的。我們不可能強求人人對事物都有同樣的看法；「大同」世界必須容許不同的觀點。生活的情趣更往往來自多樣因素的有機組合，使世界多采多姿。

我們每人在世只有區區數十寒暑。我們應該怎樣利用這個機會？我們擁有甚麼權利？對社會、世界、宇宙又有甚麼

責任呢？我們所見、所聞、所經歷的景象，又可以給我們甚麼啟示呢？

　　我們正在享受大自然的呵護、祖宗的遺蔭、文化的陶冶，同時我們也揹上不少傳統的包袱和偏見，更不住地接受各方面的挑戰。我們要運用良知、良能、經驗，作明智的取捨才是。東西的人生觀、待人哲學的出發點都很有不同之處；但融會並非不可能，而且可以帶出新的人生意義、甚至更和諧的世界。例如直線式的與循環式的宇宙觀可以融合而成在三維空間、螺旋進取的人生觀。

九

吸血蝙蝠的道德
大我的層次[1]

1. 楔子：吸血蝙蝠的道德

小吸血蝙蝠生長在中、南美洲。它們在夜間出動，伏在大動物身上，利用特有的紅外線器官找尋血管；咬穿皮膚後舔食。一隻蝙蝠在20分鐘內可以舔取相當於自己體重 (約40克) 一半的血。它們迅速地吸收血裏面的養料，特有的泌尿系統在兩分鐘後便排尿，減低回程飛行時的體重。

回到洞穴後的吸血蝙蝠可能與幾百隻同伴倒吊在一起。吃飽的蝙蝠會將濃縮的食物餵給不夠幸運、吃不飽的同伴。受恩的同伴會牢牢記住，在施恩者將來捱餓時回報。我們通常認吸血蝙蝠為天生的不法強盜；這樣看來，它們也可以說是「盜亦有道」了。[2]

小雞見地上有米，便趨前啄食。這「志向行為」[3]需要一連串的思考和配合的行動，是「高等動物」的標記。吸血蝙蝠的回報更將志向行為推到一個運用記憶的社團性高峰：受

1　部分摘自：陳天機：《大自然與文化：環境、創造和共同演化的故事》(香港：中文大學出版社 ，2006)，第14章：〈互惠、合作與忠誠〉，第395-423頁。

2　http://www.bio.davidson.edu/people/vecase/Behavior/Spring2002/perry/altruism.html 有較詳細的敍述。作者是Julie Perry。

3　已見第七章第4.3節。

惠者認得好幾天前的施恩者，記得過去受惠的事實，也知道當日施恩者現在的可能需要，及時作適當的「反饋」。

原來這社會制度是整個物種生存的關鍵：吸血蝙蝠要是一連幾天沒有食物，便會餓死。反過來説，忘恩負義、接受過輸血而遲遲不報的壞蛋相信會受制裁，甚至會被逐出群。

吸血蝙蝠的行為給我們重要的啟示：

a. 對任何單隻吸血蝙蝠來説，巢穴裏整群的吸血蝙蝠都是「大我」的成員，都值得享受「小我」以餵食方式來表現的「忠誠」。

b. 這種對伙伴的忠誠是跨越一段時間的「互惠」，需要相當的智慧、記憶和行動能力，是高等動物志向行為的重要表現。

c. 吸血蝙蝠的「回報」不但保障了群體成員的生命，同時也肯定了群體的價值。

英國生物學家瑞德理認為吸血蝙蝠的行為是「施恩圖報」自私觀念的表現，也是道德的起源，社會 (包括人類社會) 的柱石。[4] 這理論在動物學裏有很多確鑿的證據；但在今日複雜的人類社會當然有擴充的必要：施恩、回報的形式、對象、都可能有很大的不同。例如成語有云：「投桃報李」，[5] 李不是桃，但在投桃和報李者的心目中，可能帶有特別的含義。

---

4 Matt Ridley, *The Origin of Virtue Human Instinct and the Evolution of Cooperation* (London: Penguin Books, 1996). 中譯本：麥特・瑞德里 (著)，范昱峰 (譯)：《德性起源：人性私利與美善的演化》(臺北：時報文化出版社企業股份有限公司，2000)。麥特・瑞德里 (Matt Ridley, 1958年生) 是英國動物學家、記者、編輯、企業家、著名科普作家。施恩圖報：Give and expect repayment.

5 《詩經・大雅・抑》：「投我以桃，報之以李。」

2. 志向行為與群體社會

我們可以觀察由高等動物同一物種、包括人類、組成的群體社會。群體成員擁有志向行為；它們或多或少，向大我群體和成員顯示他們的忠誠，因此也是其他群體成員回報忠誠的對象。這些自發的集體志向行為肯定促進、維持了整個群體的互惠團結。

當然共同演化已經有促進整個群體的團結的效用。但演化大致上是盲目的，而且需要漫長的時間、多個世代的遺傳，而且它通常只供應群體社會成員一個先天的生理輪廓。集體志向行為卻往往是成員後天學習、經歷後的表現；它絕不盲目，而且要倚賴每位成員的自我認知和取向。[6] 我們可以說：群體社會的建立和維持，所需要的是成員自發的忠誠，這忠誠大部分來自成員後天接受的教養，和身心的感受、經驗和領悟。[7]

2.1. 庫安的五層忠誠[8]

同心的圓環

業餘人類學家庫安指出，從「自我」出發，人類社會可以說是一系列的同心圓環 (文化圈)，代表「大我」概念的逐步提升。這是一個套疊系統：每一環代表套疊系統的一層，

6　螞蟻、白蟻、蜂類群體社會的維持有賴先天對芳香化合物 (pheromone) 的敏感，不純屬於志向行為，不在本文討論之列。

7　但請參照第4節。

8　Carl Coon, *Culture Wars and the Global Village, a Diplomat's Perspective* (Amherst, New York: Prometheus Books, 2000)., pp. 75–88. 庫安是著名人類學家Carlton S. Coon 的兒子，曾任美國駐尼泊爾大使。原文"altruism" 通常譯為「利他主義」；筆者認為在這裏譯做「忠誠」較為適合。

包含所有低層的領域。為了下面敍述的方便起見，我們從最內層數起，第0層是「己」：自己。

第1層：親：成員(相信)有血統關係。

第2層：幫(親＋友)：成員彼此認識。

第3層：族：由多個幫結合；成員未必相識。

第4層：國：擁有公認地位的一組族群。

第5層：全人類。

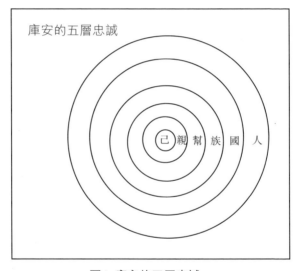

圖1. 庫安的五層忠誠。

自己對大我顯示出不同程度的忠誠，大我和大我的成員也作或多或少、直接、間接、實質或精神上的回報；這回報完成了反饋的迴環，強化了此後的團結。

高等動物的多層忠誠

　　本章的討論並不局限於庫安所講的人類社會。第1, 2層已見於擁有高度志向行為的動物，在「親」、「幫」裏所顯示的互惠現象。例如在第1節楔子裏的例子，吸血蝙蝠群屬於「幫」的範圍；幫的成員互相認識。幫內部的團結意識，主要來自互惠的習俗；幫的座右銘可說是正面的黃金定律：「己所欲，施於人。」同幫的吸血蝙蝠相信有同樣的「求飽」欲望，不致產生不必要的誤會。受惠者有回報的責任，但回報不必立刻進行，而可能在一段時間之後。

　　美洲千萬隻野牛，集群結隊，一致行動；它們屬於第3層：「族」；[9] 成員未必相識，但它們的合群，最少也供應心理上的鼓勵和安慰。第4層忠誠看來只限於人類。人類雖經過不少聖哲大聲呼籲，而且近年來也成立了聯合國等跨國組織，仍未當真完成第5層的團結。

現代人的含糊界限

　　在現代人的社會，大我界限並沒有清晰劃分，有不少交錯、含糊的地方，容易引起衝突。例如今天人際溝通頻繁，同一家庭的成員可以屬於不同種族、擁有不同國籍、信仰不同的宗教。這種情形結果也許可以促進人類將來互相的調和、融洽，但在短期內也容易引起不必要的誤會；家庭的成員必須擴闊胸襟，盡量設法了解別人的觀點才是。

2.2. 忠誠範圍的擴大與戰爭

　　庫安指出，「忠誠」範圍的擴大、對象群體的升級，往往由於戰爭。他提出兩種模式：

9　野牛 (Buffaloes，亦稱bison)。

a.　抗 敵 的 合 作 ： 交 戰 雙 方 ， 各 自 締 結 同 盟 ； 持 久 的 同 盟 自 然 而 然 形 成 擴 大 的 群 體 ；

b.　戰 後 的 吞 併 ： 敗 方 若 倖 存 ， 可 能 被 吞 併 、 吸 收 ， 成 為 勝 方 群 體 的 一 部 分 。

「抗敵合作」模式見於互相傾軋的古希臘城邦：波斯大軍壓境時，許多古希臘城邦同仇敵愾、團結一致、痛擊強敵。可惜波斯敗退後，希臘眾城邦依然紛爭如故。後來雅典與斯巴達各組敵對同盟，雙方交戰二十五年，筋疲力竭；終於讓馬其頓漁翁得利，統一了希臘。

「戰後吞併」模式見於亞歷山大的征服。他承接馬其頓國王腓力的遺緒，一舉滅了世仇波斯，成為歷史上最顯赫的征服者。亞歷山大將希臘文明引進了中亞和埃及，他的政策、或多或少，得到當地居民的認同。更顯著的「戰後吞併」例子出現在古羅馬歷史：迦太基覆滅後，羅馬軍團東征西討，幾乎所向披靡；但被征服的人民結果享受 (部分或全面的) 公民權，大都樂於認同征服者的統治。

其實在世界歷史裏，「忠誠」範圍的擴大未必完全依照這兩個庫安模式；也可能由於庫安沒有提出的

c.　征 服 者 接 受 的 同 化 。

武力吞併後，勝方被敗方的文化吸引，加入了敗方的文化群體，反而喪失自己文化的一部或全部。例如中華文化吸收了南北朝時代的五胡；宋代的遼、金、西夏、蒙古；和清代的滿族。我們通常讚賞聖哲忠恕之道，能夠「化敵為友」；但

同化異族的工作更進一步，簡直是「化敵為己」了！

在西歐，日耳曼蠻族亡了西羅馬，卻被西羅馬文化征服了。但西羅馬的文字拼音方式容易適應不同民族的口音，西羅馬文化也無可避免地引出了西歐的多國分化。

同化當然未必需要戰爭；兩集團間的緊密多面接觸往往已促進了同化。庫安指出，要達到第5層、對所有人類的忠誠，戰爭已不是合適的手段。若所有人類都在同一邊，沒有敵人，我們不再能夠用他們的威脅來促進團結了。因此我們更加需要道德力量和對話。

3. 忠誠來源的三套解釋

庫安提出的五層忠誠，主要目的在討論人類社會的進程，卻也可以詮釋動物族群裏的互惠。關於忠誠來源的解釋，現在有三套來自英國的流行理論：

a. 道金斯的「自私基因」理論；[10]

b. 瑞德理的「施恩圖報」理論；

c. 道金斯和布賴模的「摹媒」理論。[11]

10　Richard Dawkins (1941生)，英國牛津大學生物學教授。見Richard Dawkins, *The Selfish Gene* (2nd ed.) (New York: Oxford University Press, 1989). 中譯本：Richard Dawkins (著)，趙淑妙 (譯)：《自私的基因——我們都是基因的俘虜？》(臺北：天下文化出版股份有限公司，1995)。

11　布賴模 (Susan Blackmore)，英國Plymouth大學訪問教授；摹媒 (Meme)。見Susan Blackmore, *The Meme Machine* (Oxford: Oxford University Press, 1999). 中譯本：Susan Blackmore (著)，高申春 (譯)：《謎米機器》(長春：吉林人民出版社，2001)。

瑞德理的施恩圖報理論已見本文楔子；我們會將三者在下面
一併討論。

這三套理論的共通點是：

單刀直入、斬瓜切菜、乾淨利落的直率；
化神奇為臭腐的冷酷無情；把世人崇尚的倫常、道德，寫
成基因、心態或神秘的「摹媒」的自私表現。

它們可能的共同缺陷是：

以偏概全：忽略了許多不能解釋的現象；
證據不足：解釋不夠透徹；
不夠科學：無從證明 (往往也無可否證)。
這些學說之外往往別有更加妥善合理的解釋。

4. 自私基因

4.1. 道金斯的自私基因理論

庫安第1層忠誠的群體對象是親戚；血緣的聯繫在親人
間產生特別強烈的感情。道金斯說：遺傳基因是一種自私的
「複製元」；[12] 它通常的作用，是本身的複製。但它本身沒
有複製能力，需要利用動物宿主：「載體」(或「坐騎」)。[13]
遺傳基因有如附體的幽靈，[14] 動物盲目地服膺幽靈的指揮，
將遺傳基因的複製版本傳到後代。

---

12 Replicator.
13 Vehicle.
14 廣東人所謂「鬼上身」是也。

道金斯輕易地解釋了生物界父母、子女間互相的愛護，兄弟姊妹間平均來説有一半基因是相同的；假如一個人犧牲自己，救活兩個兄弟姊妹，基因並沒有喫虧；救活三個便有盈餘了。

4.2. 試評自私基因理論

a. 純粹從算術觀點來看，「與自己基因一半相同」的生物未必是近親，而竟可能是香蕉。道金斯討論的對象其實不是單個或一堆散漫的基因，而是「與上一代祖先擁有相同基因的或然率」。

b. 除了現代擁有科學技術的人類之外，沒有生物能夠當真判斷陌生的同類與自己基因的差距；生物本身做不到的事，基因藉着操縱生物怎能做到呢？

c. 道金斯承認：在生物界有冒認親戚、鵲巢鳩佔的騙子。鳥類兄弟也經常自相殘殺，爭取媽媽的餵養。道金斯認為自私基因確會失錯，但平均説來，總是成多敗少。

d. 在人類社會，甚至其他動物群體中，有獨身主義者和同性戀者，也有收養孤兒的習俗。

e. 動物配偶、人類夫妻之間除了屬於同物種之外，往往毫無血緣關係！而且近親交配通常產生基因不良的後代。這現實可能是自私基因理論無法解釋的致命傷。

但既然親戚間未必當真有想像中的血緣關係，親戚只是一個通常聚面，被認為具備足夠血緣關係的群體罷了。至於

基因是否自私，能否控制宿主，其實在庫安的第1層忠誠裏看來並沒有重大的影響。

5. 施恩圖報

庫安的第2層，對「幫」的忠誠，出發點可能正是瑞德理的「施恩圖報」理論；它源自動物群體的「回報」制度，吸血蝙蝠的例子已見本文楔子。

5.1. 瑞德理的自私圖報行為

在複雜動物族群裏，志向行為改變了共同演化的面目，引起通常稱為「回報」的互惠現象。[15] 受惠者有回報的意願（「決定目標」），有記憶，有「時間」、「因果」的觀念；認得施惠者，也懂得對方的需要。施惠者甚至也期待對方的回報。

在志向行為控制下，合作互惠不必乾靠偶遇，也無需限於至親；回報大可以是高等動物在權衡輕重後、對同幫成員的選擇。簡單生物通常做不出這種傷腦筋的複雜互惠工作。

瑞德理在《德性起源》一書裏認為動物生而自私。「自私」一詞本身雖然帶有貶義，但與回報和聲譽配合卻天衣無縫，可能竟是萬善之源、道德的基石、複雜社會的前奏。回報和聲譽可以解釋人際的行為和人群間的關係；但瑞德理說：它們的出現卻由於自私的心理。

瑞德理認為人類社會在語言的支持下，用回報和聲譽來獎勵公平或利他的表現，阻遏、制裁不公平或「損他」的行

---

15 Tit for tat. 這英文名詞本來有「以牙還牙」的負面含義，但在今天的生物學界代表互惠。中文的「投桃報李」其實比較合適。

為。在人類社會環境裏，最「有效」的利益並不來自一時的欺詐，而要靠長遠的投資。欺詐會引起社會的排擠；當真自私的人採取長遠的眼光，利他的政策，「放長線，釣大魚」，廣施恩惠，接忍受一連串的小虧，卻因此「買來」更大的利益。聲譽(或「地位」)是領取日後回報的訂金。

　　戰國時代，食客馮諼為孟嘗君買「義」，將孟嘗君家鄉薛邑父老的債據通通燒掉；孟嘗君後來政途失意，回到薛邑，受到父老夾道的歡迎。[16] 這是自私性長線投資的一個赤裸例子。

5.2. 試評瑞德理的自私圖報理論

　　在三套理論中，施恩圖報理論最具可衡量的科學根據。

「可以」？還是「必然」？

　　竊以為雖然瑞德理言之成理，利他行為「可以」源於自私，但並非「必然」如此。在文化不斷發展之下，所施的「恩惠」和所期望的「回報」可能很不相同。

　　中國人愛把人分為「忠、奸」兩類，又喜歡將「陰謀」的帽子加諸他人，猜疑他們行為背後的動機。顯然有不少人在施惠他人時，的確利用名譽作為隱蔽的投資，希冀將來因此取得更大的利益。

　　其實我們在沒有足夠證據之前，無須認為別人的義舉必然隱藏着自私謀利的心態。我們若認為人人的施惠都藏有這種自私動機，便難免以偏概全了。

16　《戰國策·齊策四·馮諼客孟嘗君》。當時還未有紙；「債據」相信是竹簡。

另類的來源

利他行為肯定有兩種另類的來源。一個另類來源是文化的薰陶，套用下節道金斯和布賴模的話：「摹媒」的感染。例如飽讀「聖賢之書」者的利他行為，未必完全出自一己之私。利他行為的另一個可能的來源是天賦的同情心。孟子說「惻隱之心，人皆有之」。[17] 跳下河裏拯救陌生孩子的好漢未必顧到將來的獎賞、或基因的異同，更可能是一位從未讀過聖賢之書的文盲。

施恩圖報者的可能動機

施恩圖報者的可能動機，其實最少有下列4種：

a. 純粹自私：企圖藉着回報來嘉惠「小我 (自己)」

（這是瑞德理本來的自私圖報）；

b. 非純自私：企圖藉着回報來嘉惠「大我」或「大我」
   的成員　　　　　　（自私圖報＋文化薰陶＋感情）；

c. 沽名釣譽：名譽也許是別人所認為的手段，但卻已是
   自己的目的　　　　　（文化薰陶下的另類定義？）；

d. 不冀回報：例如餐後小帳。　　（文化薰陶＋感情）。

在今天的複雜社會，施恩的對象更不限於「大我」中的某個「小我」，而大可以是整個「大我」群體。例如慈善家修橋築路、救災紓難；愛國志士捐軀救國、視死如歸；宗教家悲天憫人，普救眾生。「大我」受惠後也許可以推舉代表（例如政府官員），「加譽」於這些施主，但往往難作物質上的適當回報。

---

17 《孟子‧告子上》。

6. 摹媒與文化

6.1. 撲朔迷離的摹媒

我們且轉移視野，追溯人類社會的演變過程。語言、文字，促進了人際溝通和分工合作。近幾千年，由於資訊的傳播，文化飛躍發展，興起了大規模的社會、政制，發揚了農業、商業、工業、科學和技術。

模仿的文化基因

道金斯的「自私基因」是先天的表現，它不能解釋後天學到的行為，可用的範圍也只限於庫安的第1層：「親」。

但道金斯自己也發現我們往往自覺地、或不自覺地模仿他人的舉止，於是認為人際的模仿是文化的基礎。他發明了一個新字："meme"，筆者且譯做「摹媒」。這新字有模仿的含義，[18] 也像法文的 même（「相同」；相當於英文的 "same"）。布賴模大大推廣了摹媒理論，成為後者的主要發言人。下面我們的主要討論對象是布賴模的暢銷書：*The Meme Machine*。[19]

正如基因引起生物物種特色的傳播、繁衍和演化；我們可以說摹媒同樣引起文化特色在人類社會的傳播、繁衍和演化。主要不同的地方是，生物基因是在DNA裏用化學表達的四進數字資訊排列，摹媒本身卻是純粹的資訊，沒有質量，甚至不靠單一的語言，沒有一定的形式。

---

18 Imitation.
19 已見註11。

「橫向」的傳染

　　根據道金斯和布賴模，自私基因向下代「縱向」地傳播，複製自己，產生親屬群體；人只是基因控制下的奴隸。而自私摹媒主要倚賴「橫向」的傳染，藉着人際模仿，控制人群，促進自己的複製；人因此也可以説是摹媒的奴隸。

6.2. 模仿

　　自私摹媒理論的出發點是：模仿是人的天性。

　　農耕畜牧革命後，人類密集，共同生活，利用語言、文字彼此溝通，人人都會 (或人人都學會) 模仿。社會上流行的時尚，例如衣裝、髮型、流行曲、風氣、都是摹媒的表現；一旦事過境遷，相關的摹媒也可能秋扇見捐，從人間蒸發。

以訛傳訛？

　　布賴模認為摹媒由人傳播，固然可能「以訛傳訛」，但重要部分，經過多人重複磨煉、強化，不但不會消失，反而會指使人群，自私地達到 「複製」 的目的。而且模仿未必只是仿效他人的產品；模仿者或從物溯源，採用他人生產的方法。與其仿製揚州名菜獅子頭，畫獅不成反類貓，何不索性依循揚州獅子頭的食譜呢？

摹媒與摹媒組合

　　生物體整個基因的組合，叫做基因組，摹媒有意義的組合，叫做摹媒組合；[20] 摹媒在社會的全部組合，就是社會的文化。但摹媒至今還沒有公認的表示方式。它只是虛渺的

20　基因組 (Genome)，摹媒組合 (memeplex)。

「傳送的單位資訊」。一位學者眼中的摹媒，可能是另一位的摹媒組合。

6.3. 利他行為與創造

利他行為的強化

　　人在社會裏生活，作出不少匪夷所思的利他行為；這些可以用摹媒解釋。利他者顯然有資格成為別人景仰、模仿的對象；而且他朋友眾多，經常出現在社交場合，因此被人模仿的機會也愈多。只利己而不利他的人固然少與別人接觸，別人也不屑模仿他；他便容易被社會忽略、遺忘。

　　我們也許會覺得摹媒的提倡者強調模仿，低估了人類的創造天才。布賴模卻說世人其實低估了模仿需要的高度智慧。例如我們看見別人吹喇叭，自己也要學吹，但我們嘴唇不放在靠我們最近的喇叭大口上，卻自然地把喇叭倒轉過來，試吹喇叭最窄的地方。顯然模仿者懂得設身處地、採取人家的觀點。

創造與模仿

　　布賴模承認「創造」的存在和重要性，但也認為模仿工作，無庸外求，已足以達到「創造」的境界。反過來看，我們通常相信「創造」是天才行為，而「模仿」是低級智慧行為，便很難將兩者接駁起來了。

　　布賴模更進一步說，我們的「自我」只是一大堆摹媒組合，而且「創造」只是這「自我」裏摹媒組合互相競爭的結果。但她並沒有當真提出正面的證據。

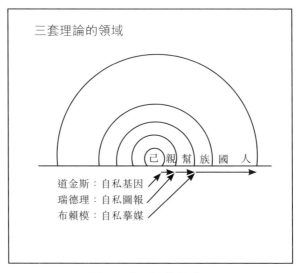

圖2. 三套理論的領域。

滄桑

在1997年，摹媒理論支持者在互聯網上出版了一份雜誌：*Journal of Memetics* (摹媒學報)，但雜誌在2005年終於停刊了，不少摹媒理論的主要發言人，包括布賴模，也另行找尋研究方向。[21]

6.4. 試評自私摹媒理論

文化傳播言之成理

文化必須傳播，方才可以普及社會；傳播的包裝，是有意義的概念。把文化當作傳播包裝的宏觀組合，也不無道理。人人傳播文化，方式不盡相同；傳播包裝單位沒有公認的定義，雖然令人不安，相信也在所難免。

---

21 見Wikipedia, "Memetics" 條，2014年9月30日，22:26，第1.2節，"Maturity"。

「無償利他」得到局部解釋

布賴模用模仿來解釋人類的無償利他行為，頗具創意。許多文化傳播引起的利他行為或可以當作布賴模所說的、廣義的模仿，但往往會牽涉到施惠者的同情心、價值觀和判斷力；這些文化因素通常不是區區「模仿」兩字所能輕易解釋的。

文化傳播豈限模仿？

模仿很可能真是社會文化的重要原動力。但肯定不是唯一的原動力；布賴模稱摹媒為文化傳播包裝的單位，未免有失於以偏概全。

一個嚴峻的問題是：模仿只是「複製」，而非「超越」。而且語云：「學其上，得其中；學其中，得其下。」常見的現象是：複製引起失真和倒退。布賴模未免太高估模仿的優越性了。

有血有肉的文化應包含「始作俑者」的創造，社會的選擇、評價、修訂、甚或否定。這些都需要擁有價值觀、使用判斷力的人才；他們在整個文化圈中也許只佔極少數，但我們不能想像任何文化沒有他們的貢獻。

鬼使神差的控制？

竊以為摹媒只是資訊，毫無自主能力。我們無需假設它有本領自私地、「鬼使神差」地、控制人類社會。忠誠是個人或團體價值觀的發揮；雖然文化薰陶影響了我們的價值觀，使我們傾向於「隨波逐流」，模仿他人，這畢竟是我們自己的選擇。

人腦可以主動創造

　　布賴模將人人都當做受摹媒控制下的被動工具，但證據苦嫌不足，而且看來大大低估了智力和經驗的重要性。

　　人類學家克朗克的看法是：人腦在資訊傳遞中可以有選擇、修訂和阻遏的作用，有如免疫系統監察病毒的傳染。[22]筆者看來，因此與其說摹媒控制人類，不如說人類控制摹媒。

　　不但如此，人腦更可以發揮創造的功能，作出嶄新獨特的表現，好讓別人來模仿。如完全沒有創造，文化或不會出現，或會僵化、流失。創造的一部分可能正如布賴模所說，由模仿構成；但在筆者個人心目中，重要劃時代的創造和「青出於藍」的現象仍然具有特殊地位，必然需要內在的價值觀，和判斷力的運用。

　　庫安也認為「創造性思想」是推動文化的原動力。創造者「觀察一組資料，找出從未被認出的組合；這組合如經得過考驗，便豐富了人類的知識和經驗」。

自我與自由意志

　　布賴模認為「自我」只是在人腦中的摹媒組合；人因此便沒有自由意志可言。何謂「自我」？未有公論；但筆者的「自我」認為：沒有價值觀、判斷力的「自我」是難以接受的。

7. 忠誠來源新說

　　「自私基因」、「自私圖報」和「自私摹媒」三套理論

22　Lee Cronk，美國Rutgers大學人類學教授。見Lee Cronk, *That Complex Whole: Culture And The Evolution Of Human Behavior* (Boulder: Westview Press, 1999).

合併起來，解釋了庫安的五層忠誠。

「自私基因」的主要對象是：第1層的生物和人類的親情；

「自私圖報」的主要對象是：第1層和第2層的「幫」；

「自私摹媒」的主要對象是：第3層和更高層的社會。

但它們至少沒有講清楚感情、創造和價值觀所引起的判斷。

理論物理學家保羅‧戴維斯認為「自私基因」和「自私摹媒」兩套理論抹殺了自由意志，都是世間最危險的理念。[23]筆者認為「自私圖報」在今天的複雜文化環境，也略嫌狹窄，應該大大擴充。

感情、圖報與濡染

我們且提出三項另類因素：

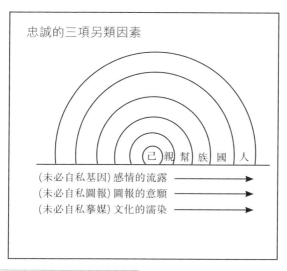

忠誠的三項另類因素

（未必自私基因）感情的流露

（未必自私圖報）圖報的意願

（未必自私摹媒）文化的濡染

23　見第七章第7節。

圖3. 忠誠的三項另類因素。

a. 感情：親、友間的感情和同情心，但不局限於道金斯自私基因的親屬關係；

b. 圖報：施惠圖報的意念，但不局限於瑞德理狹隘的、小我間的自私圖報；

c. 薰陶：文化的濡染(賦與文化圈成員的價值觀)，但不限於道金斯、布賴模所提倡的、自私摹媒控制下的模仿。

7.1. 感情的流露

感情包括親、友間的感情和同情心。這三種感情可能都含有圖報和薰陶的成分。

親戚間的利他傾向，原因無須深究，但未必真如道金斯所說，出於自私基因幽靈的控制，「親情」可能只是後天多次親密接觸後自發的感情。DNA的關聯未必可以嚴格證實，而且夫妻之間雖然鶼鰈情深，互相關懷、愛護、扶持，但通常卻絕無血緣關係！親情之外還有友情；友情也未必源於「自私圖報」，可能是共同生活或頻繁接觸下所引起的自然吸引感應，和互相的了解、欣賞和信賴。

感情的第三因素是同情心。同情心，尤其對遭遇不幸的人的悲憫，滲透了好幾個文化層次，它想必與生俱來，或可以說是一種淡化了的，親情的共鳴。

7.2. 圖報的意願

這一部分包括瑞德理所說的施恩圖報，但在現今的複雜社會，施惠者所希冀的(直接、間接)回應，已不限於金錢和物質，而且未必不限於一己的利益，而往往擴充到大我群體和受惠者本人之外的大我成員。

　　嘉惠「大我」的行為，更難用「圖報」的眼光來解釋。聖哲、學者也利用人的自私心理。孟子指出[24]，假如貪財的齊宣王與百姓共享他的財富，便不能算做自私了。受教化薰陶而利他的人拉長線，企望釣到的「大魚」，未必是自己獨佔的禁臠，而可能只是「心之所安」，或整個群體社會美好的將來。

　　從小圈子的角度來看，社交禮節和公德心也是文化薰陶下「約定俗成」的利他行為，目的只在維持一個安定、和諧、舒適的次文化氣氛。

7.3. 文化的薰陶

　　感情和圖報之外，忠誠的起源可以粗略地用「文化薰陶」來形容；這就是文化所賦與社會群體成員的價值觀。文化薰陶可能是高層次忠誠的主要來源，包括道金斯和布賴模所說的模仿、價值觀的建立和使用、和廣義而非盡自私的圖報。

　　聖、哲和環境科學家創造性的理論，在文化中傳播，我們可以通過批判，加以接受或修改，建立自己的價值觀，在適當的場合，利用判斷力決定自己的行為。這些行為顯然包括對「大我」社會群體的認同和效忠。當今科學的一大特色，是公開的評估；被否證的理論便要接受修改，甚至遭到揚棄。科學顯然是文化重要的一面；在文化薰陶裏，評估、判斷工作的重要性是不容忽視的。

　　所謂「近朱者赤，近墨者黑」；在耳濡目染之下，群體的成員和附屬團體或經過考驗、或不自覺地，互相「濡染」，定出、養成並維持了時尚、風氣、習俗和規範。但是，總要有人創造第一個版本，才可以有後人複印模仿的工

24　《孟子·梁惠王下》：「王如好貨，與百姓共之，于王何有？」

作。文化中出現的突破，包括少數聖哲的道德觀、環保觀念和科學家的定律，這些很難單靠「模仿」一辭，作全面、圓滿的解釋。

我們不能 (也許只是不願) 忽視：親情以外的感情、不冀望回報「小我」的嘉惠、和超越模仿的創造和改進。

忠誠的起源可能有一部分是施恩圖報的意念；但與其說其他部分是由於只顧血緣的自私基因和刻意模仿的自私瀰媒，不如說是由於感情的維繫、和價值觀判斷下、文化的後天薰陶。

8. 更高的層次

人類社會互惠、合作的文化範疇愈來愈大，雖然我們未曾完全達到庫安的第5層：對全人類的忠誠，我們已該放眼於更廣闊的領域，將忠誠的對象擴展到不會講話，不作回報的動物、毫無表情的植物與其他非動物生物，和根本沒有 DNA、RNA的非生物。

我們可以用第3節的5層忠誠作為基礎，發展更廣闊的忠誠層次：

第6層：對全動物界的忠誠，不限於人類；
第7層：對所有生物的忠誠，不限於動物；
第8層：對整個地球的忠誠，不限於生物；
第9層：對整個宇宙的忠誠，不限於地球。

但人類與動物、生物、地球，究竟有所不同；它們對人類忠誠行為的反應我們也未必了解。

　　這四層的忠誠，過去有賴哲人的提倡，例如宋·張載的《西銘》說：「民、吾同胞，物、吾與也。」[25]《莊子》說：「天地與我並生，萬物與我為一。」[26] 近代的錢穆認為中國文化對人類最大的貢獻，是「天人合一論」。[27]

　　人類遍布全球，更以「天之驕子」自居，肆意破壞生態、環境，已到難以挽回的地步。生態學家加入了聖哲的行列，大聲疾呼，勸人保護第6、7、8層的環境。我們應該盡量維持現有的生態，阻止珍貴物種的滅亡、資源的濫用、環境的污染。假如我們不愛惜大自然的供應，到頭來人類也自取其害。在第6–8層的失誤，會阻止我們維持第0–5層的完整，嚴重影響我們自己和子孫的將來。

　　第9層的忠誠是「一面倒」式的。我們單方面接受宇宙的現實、太陽的溫暖，但至少到今天仍沒有直接回報的能力。但語云：「飲水思源」，我們應該對宇宙、太陽存着一份應有的尊敬。

25　人民是我們的同胞，萬物是我們的夥伴。

26　《莊子·齊物論》。

27　錢穆全文和錢夫人的後記見http://daoli.getbbs.com/post/topic. aspx?tid=203138

V
從複雜性看世界

十

蘋果樹下的天靈蓋
非線性數學的應用

1. 楔子：牛頓的蘋果樹[1]

據說大物理學家牛頓坐在蘋果樹下，被掉下的蘋果打中天靈蓋；他「頓然」悟出劃時代的萬有引力定律。牛頓曾多次講起墜地蘋果的引力給他的啟發，但沒有談及蘋果對自己天靈蓋的關係。在英國劍橋大學三一書院裏一棵弱不禁風的蘋果樹，據稱是原先啟發牛頓的蘋果樹的後代。

萬有引力定律描述兩個質點A, B間湧現的吸力：[2]若質點的質量分別是M_A，M_B，距離是r，根據經典物理學，質點必以

$$F = -G \, M_A M_B / r^2 \qquad\qquad 公式\,(1)$$

的「反平方」力沿着AB直線互相吸引。[3]近代理論物理學家戴維斯更指出萬有引力與物質的均勻分佈相違，是太初宇宙「對稱的破碎」和跟着來的種種自發性自我組織的起源。[4]

1　請參見王永雄、彭金滿、陳天機《天問：宇宙真貌的探索》（香港：Oxford University Press，2013）第四章，第3.1–3.2節，76–79頁。
2　擁有質量而大小可以忽略的一點。如物體的大小不能忽略，則我們通常假設它可以當作物體質量集中在物體質量中心的一個質點。
3　負號代表吸引；重力常數$G = 6.6742 \times 10^{-11}$ m³/s²kg。
4　見第十三章第3.4節。

蘋果的成熟弱化了果蒂；萬有引力拉蘋果離樹，循着向地心的直線下墮，[5] 可能便打中擋路的牛頓天靈蓋了。這一切都言之成理；他是否「果真」因此成為提出萬有引力定律的第一人呢？

非也。蘋果也許打中過牛頓的天靈蓋，但這並不使他成為提出萬有引力定律的第一人。原來萬有引力定律的創始人根本不是傳說中的牛頓，而是他的死對頭，發現彈性定律的多能科學家虎克。[6] 但牛頓的力學理論介入了「質量」和「加速度」的基本概念，將力學全面數學化；這偉大的成就不是只提出反平方引力的虎克，或其他只靠片面理論的同時代科學家所能望其項背的。[7]

2. 橢圓軌道

丹麥天文學家布拉赫是有史以來最偉大的肉眼天文觀測學家。[8] 他與新登位的年輕國王鬧翻了，[9] 憤而放棄他在丹麥、政府資助了二十一年的天文台，搬家到捷克布拉格，更聘了開普勒做助手。[10] 一年後 (1601) 布拉赫突然去世，開普勒承受了布拉赫遺下的行星運行數據，經過多次失敗的嘗試

---

5 「地心」是蘋果外整個地球的中心，大致上就是地球的幾何中心。

6 牛頓 (Sir Isaac Newton, 1642–1727)；虎克 (Robert Hooke, 1635–1702)。兩位都是英國皇家學會的著名科學家。在1680寫給牛頓的信裏，虎克清楚講明萬有引力的反平方性。見 Wikipedia, "Newton's law of universal gravitation" 條，2014年10月3日，12:21，第1.3–1.6節。

7 但在超重或超速的環境需要改用相對論力學；在微觀世界需要改用量子力學。

8 布拉赫 Tycho Brahe (1546–1601)，亦稱第谷 (Tycho)。

9 Christian IV (1577–1648)，1588登位。.

10 開普勒 Johannes Kepler (1571–1630).

後，終於寫出了空前精確的橢圓軌道三大定律。[11]

開普勒理論雖好，依然未能達到後來學者觀察所達到的準確度。七十多年後 (1687年) 牛頓成功地將萬有引力定律應用在行星軌道的計算，徹底改變了天體物理學的面目。

在兩個星體所構成的系統裏，每顆星體可以當作一個質點，在重力影響下，繞着公共質量中心，以橢圓軌道運行；[12] 我們通常說：行星「繞太陽」，其實行星與太陽兩者都圍繞着質量中心運行。開普勒的「行星繞日」理論，相當於把太陽當作一個擁有無窮質量的質點；他因此根本無法處理質量相若的物體間的互動，例如在天文望遠鏡裏常見的互繞雙星系統。[13] 牛頓力學卻輕易地解決了這問題。

3. 維度與指數定律

第五章已經討論了湧現的非線性數學表示；本章將介紹幾條重要非線性公式的應用和引申，也為後面三章作一些準備工作。本節略論指數定律；一個顯著的例正是上述的萬有引力定律。

3.1. 簡單幾何圖形的整數維度

我們普遍接受下列的幾何概念：

直線線段是1維空間裏的結構；它的維度是1；它的大小 (M) 就是它的長度 (L)：$M \equiv L = L^1$。

---

11 1609–1619.

12 Center of mass. 假如C是兩質點A, B的質量中心，而且AB線段的長度是R，則AC線段的長度是$r = RM_B / (M_A + M_B)$。

13 關於「多體問題」見第十二章第4節。

正方形是2維空間裏的結構，維度是2；它的大小是一邊長度 (L) 的2次方：$M \equiv A = L^2$。

正立方體是3維空間裏的結構，維度是3；它的大小是一邊長度的3次方：$M \equiv V = L^3$。

上述3種正規的結構都遵守下面的「指數定律」：[14]

$$M = cL^d \qquad\qquad 公式\ (3.1)$$

其中 M 是「大小」，[15] L 是一邊的長度，c 是一個比例常數，在上面的三個例子裏 c 都等於1。d 是整個結構的維度。

3.2. 指數定律的線性化

我們採取公式 (3.1) 兩邊的對數（底數不拘，可任意選擇，例如我們可以採取「常用對數底數」10），取得到這方程式的對數表示：

$$\log M = d \log L + \log c \qquad\qquad 公式\ (3.2a)$$

若我們更命名 $y \equiv \log M,\ x \equiv \log L,\ b \equiv \log c$

則 $\qquad\qquad y = dx + b \qquad\qquad 公式\ (3.2b)$

我們利用對數的轉換，輕易地把非線性的指數公式 (3.2a)

---

14 Power law, 亦譯為「冪定律」。
15 Measure，也可以說是廣義的體積。

變成在平面解析幾何裏容易處理的直線 (3.2b)。d 是這直線的斜率，b是這直線的y–截距 ($x = 0$ 時 y 的數值)。

假若某種結構擁有一系列的 $\{ L_k, M_k \}$。如要問它是否符合指數定律，我們大可以將一套相對的 $\{\log L_k, \log M_k\}$ 描在座標紙上。如這些點都在同一直線上，我們便認為這現象遵守指數定律，而且量出來的斜率就是事物的維度 d 了。

但假如我們早已知道這現象遵守指數定律，便只需要選擇符合現象的任意兩點來計算事物的維度：

$$c = M_1 / L_1^{\ d} = M_2 / L_2^{\ d}$$

因此　　$M_1/M_2 = (L_1/L_2)^d$

所以　　$d = \log (M_2 / M_1) / \log (L_2 / L_1)$ 　　　　公式 (3.3)

根本不需要知道c，而且 (M_2 / M_1)，(L_2 / L_1) 都是完全沒有單位的純數字；這些比例的採用減少了許多不必要的麻煩。

我們且舉一個例：已知一套圓球的半徑$\{L_k\}$和體積$\{M_k\}$，求圓球的維度。

半徑 $L_1 = 1$時，體積是$M_1 = 4\pi/3$；

半徑 $L_2 = 2 L_1 = 2$時，體積是 $M_2 = 32\pi/3 = 8M_1$。

於是 $d = \log (M_2 / M_1) / \log (L_2 / L_1) = \log 8/\log 2 = 3$

算出來的圓球維度恰好是3。

指數定律公式 (3.1) 絕不限於上述三種幾何圖形的表示；它可以代表許多其他幾何圖形，甚至許多不涉及幾何圖形的關係。[16] 維度d的概念也自然地擴充到任何實數。例如萬有引

16 亦見Wikipedia "Power law" 條，2014年10月3日，05:48。

力定律 (維度$d = -2$) 並不直接涉及幾何圖形，卻是指數定律重要的一例。

3.3. 指數定律的一些實例

指數定律在科學裏很常見，但我們不常看到統一的討論；[17] 它所描述的現象往往是在系統裏，次系統互動下的湧現。指數定律是描述湧現的法則，它們本身因此便也是系統的湧現特性了。

表2列出幾個指數定律的例子。有趣的是，不少例子都不是從已知學問推論出來的，而是學者從多次直接觀察歸納出來的「經驗公式」；[18] 它們背後的邏輯根據往往尚待闡明。

表2. 一些指數定律：$M = cL^d$

	M (大小)	c	L (長度)	d (維度)	定律名稱
1.	C (圓周)	2π	r (半徑)	1	(圓的圓周)
2.	A (圓面積)	π	r (半徑)	2	(圓的面積)
3.	V (球體積)	$4\pi/3$	r (半徑)	3	(圓球的體積)
4.	F (引力)	$-GM_AM_B$	r (距離)	−2	萬有引力定律
5.	F (引力或斥力)	$-kQ_AQ_B$	r (距離)	−2	庫倫定律
6.	q (新陳代謝率)	?	M (動物體重)	¾	克萊勃動物定律
7.	W (工作的百分比)	1	P(優秀幹部的百分比)	0.139	80–20法則
8.	f (單字出現頻率)	~0.1	r (單字出現的排序)	−1	(英語) 齊夫定律

值得注意的是，除了第1條之外，這些都是非線性的定律：$d \neq 1$。

前3條定律處理我們常見的幾何結構。第4條我們已經介紹過，是鼎鼎大名的「反平方」萬有引力定律。第5條是庫倫

---

17 我們將在第十章看到，指數定律也是分形的一個特徵，但遵守指數定律的事物卻未必是公認的分形。

18 Empirical formula.

定律：[19] 兩個電荷Q_A, Q_B可正可負，產生的作用力也以「反平方」形式出現：比例常數k是正數，[20] 因此兩電荷同性相拒，異性相吸。這些反平方定律在經典領域都非常準確。

　　畜牧學家克萊勃觀察動物生理現象，歸納出第6條定律作為動物體內組織互動之下出現的湧現特性。[21] 第7, 8條也都是從觀察歸納出來的經驗定律，準確度不算太高，普遍真實性也往往有待證明。也許它們可以當作某系統的湧現特性，但我們未必看得出背後有沒有「次系統的互動」。

4. 小事、大事與80–20法則

　　小事經常出現，但大事比較罕見；這是我們直覺上接受的原理。學者觀察一系列的相類現象往往可以將現象的「重要性」與「出現頻率」比較，歸納出簡潔的「經驗法則」。例如小規模地震出現的頻率遠較大地震為高；[22] 撞入地球大氣層的小隕石常見，而10公里直徑的巨隕石在6千5百萬年來只出現過一次。[23] 總的來說：

　　影響力小的事(物、人)常見；影響力大的事(物、人)罕見。

19　發現人是法國物理學家庫倫(Charles-Augustin de Coulomb, 1736–1806)。
20　細節和比例常數在此不贅。
21　Max Kleiber (1893–1976)，瑞士出生的美國畜牧學家。
22　若N (≥M)是在任何地方、任何時間段落、強度大於或等於M的地震的數目，則N (≥M) = 10^{a-bM}，b約略等於1，a視地區而有不同的數值。見Wikipedia "Gutenberg-Richter law" 條，2014年9月28日，18:08。
23　那一塊隕石滅絕了大恐龍，讓哺乳類動物(包括人類的遠祖)得以吐氣揚眉，征服地球。學者歸納出隕石撞地球的法則：若N (>D)是直徑大於D公尺的隕石每年出現的數目，則N (>D) = $37D^{-27}$。見Wikipedia "Meteoroid" 條，2014年10月7日，00:04。

少量的果來自多量的 (或常見的) 因；大量的果來自少量的 (或罕見的) 因。

4.1. 80–20法則[24]

意大利經濟學家帕雷托在1906 年早已發現：[25] 80%的豌豆，出自所有豆莢中最多產的20%。他也看出：在意大利，20%的特權人口擁有80%的土地。我們可以寫出下面的「80–20法則」作為上述「小事常見，大事罕見」量化的特例：

在許多場合裏，80%的「果」來自20%的「優越的因」。

優越的「因」雖然只佔總「因」數量的20%，但卻能做「大事」，取得80%的成果。見圖1。

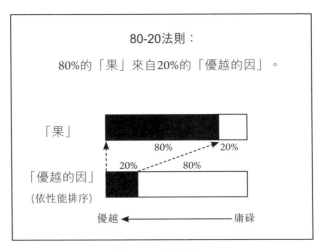

圖1. 80–20法則。

我們且想像一個組織負責指派手下的一班職員處理某種

---

24 The 80–20 rule.
25 帕雷托 (Vilfredo Pareto, 1848–1923)。

任務。通常的假設是：均勻分配：把20%的工作交給20%的人員。但實情卻遠不如此。20%的人員，往往完成80%的工作！

美國人未必知道帕雷托這個名字，但經常將這法則掛在口頭。請注意：

a. 我們也要考慮怎樣將非整數的人群答案湊成整數 (例如「4捨5入」)，同時適當地將公式 (4.2) 改成不等式。

b. $P = 20\%$時，$W = 80\%$，$P + W$恰好湊成完整的100%，但這純屬巧合！

4.2. 法則的應用

80–20法則的覆蓋範圍非常廣泛；例如在一家商店裏：

80%的利潤	來自	20%的顧客；
80%的生意	來自	20%的商品；
80%的生意	來自	20%的售貨員；
80%的投訴	來自	20%的顧客。

我們也可以指出一些其他的重要社會現象：

社會：	80%的罪行	來自	20%的罪犯。
醫院：	80%的醫療資源	耗在	20%的病人身上；
電算機科學：	80%的軟件錯失	源自	20%的程式謬誤；

聯合國數字的支持

1992年，聯合國發展計劃報告顯示：在1989年，全球20%

的人口控制着82.7% 的「國內生產總值」，[26] 約略符合帕雷托所宣稱的80%。

4.3. 法則的擴充

　　原本的80–20法則只限於兩個數字：0.8和0.2。我們且將它擴充到一個覆蓋整個分數領域的「帕雷托原理」。[27] 若 W 代表工作 (Work) 的百分比，P 代表人員 (People) 中最優秀的一群所佔的百分比；$0 \leq W \leq 1; 0 \leq P \leq 1$；我們假設一條指數定律：

$$W = cP^d \qquad\qquad 公式 (4.1)$$

其中 d 是一個待定的指數；c 是一個待定的比例常數。我們依據下表逐步收窄公式的範圍：

P	W	推論
0	0	沒有人員則做不出工作；指數定律已經自動滿足了這條件。
1	1	所有人員做所有工作；指數定律裏的比例常數 c 因此必然是1。
0.2	0.8	算出來的指數是 $d = (\log 0.8) / (\log 0.2) = 0.139$。

所以推算出來的帕雷托原理，見圖2，是

$$W = P^{0.139} \qquad\qquad 公式 (4.2)$$

26　GDP, Gross Domestic Product.

27　帕雷托原理 (Pareto principle)。Wikipedia, "Pareto principle" 條，2014年10月7日，18:40，將帕雷托原理作為80–20法則的別名，本書將80–20法則看作較廣義的帕雷托原理的一個特例；其他特例包括下面第4.4節講及的64–4法則和52.8–1法則。

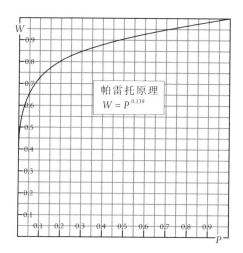

圖2. 帕雷托原理。

4.4. 有趣的一系列特例

在帕雷托公式 (4.2) 裏的比例常數 $c = 1$；這事實引出整批有趣的特例。若 m 是任意正數，我們可以取方程式兩邊的 m 次方，得到：

$$W^m = (P^d)^m = (P^m)^d \qquad \text{公式 (4.3)}$$

原來在我們讓 (P, W) 作為帕雷托原理的「因、果」時，(Pm, Wm) 居然也連帶地遵守同一項原理！[28] 請注意：$(P^m) + (W^m)$ 通常不等於1。

在 $m < 1$ 時，我們看不出當真的驚喜。例如：

$m = 0.50$：　　44.7% 的人擔當　　89.4% 的工作；

$m = 0.25$：　　66.9% 的人擔當　　94.6% 的工作。

---

28 我們用公式 (6.5) 而不用多項方程式來代表帕雷托原理，一個重要的原因是：多項方程式不能顯出 (Pm, Wm) 同樣也遵守帕雷托原理。讀者請注意：若 m 是一個實數，而 $0 < Q < 1$，則同樣 $0 < Q^m < 1$。

但從$m > 1$的方向來看，低於0.2的「精英中的精英」卻肩負起更巨量的工作了：

$m = 2$： 4.00% 的人擔當64.0% 的工作 (64–4法則)；

$m = 2.861$： 1.00% 的人擔當52.8% 的工作 (52.8–1法則)；

$m = 3$： 0.80% 的人擔當51.2% 的工作；

$m = 3.106$： 0.67% 的人擔當50.0% 的工作；

$m = 4$： 0.16% 的人擔當41.0% 的工作；

$m = 4.106$： 0.14% 的人擔當40.0% 的工作。

願讀者立志鶴立雞群、做百中選一 (1%) 的英才，將天下52.8% 的工作慨然視為己任！

特例

我們且略論$m = 2$的特例，藉以加深對原理的了解。假設我們要指派100位員工出售100隻雞蛋。應用80-20法則一次，(正整數的m在這裏可以代表法則重複運用的次數)

法則： 0.2×員工數＝精英數；精英可以賣出0.8×雞蛋數。

$m = 1$： 0.2×100 = 20位精英可以賣出雞蛋0.8×100 = 80隻。

但「動用20位員工出售80隻雞蛋」的 (次) 問題顯然也屬於80-20法則的領域。在這裏員工數＝上次的精英數 = 20，雞蛋數＝上次精英售出的雞蛋數 = 80。因此：

$m = 2$：0.2×20 = 4位「精英中的精英」可以賣出雞蛋

0.8×80 = 64隻。

恰好符合上述64–4法則的要求。

5. 齊夫定律

在語言學方面有沒有相當於「小事常現，大事罕見」的法則呢？我們在本章只討論用單字組成的語言。每種語言都有常用的單字，和罕用的單字；但罕見的單字的字義未必擔當「大事」的角色；「小事，大事」兩詞在這裏並沒有當真的含義。

我們依然可以用「平均出現頻率」f作為一個變數，但另一個常用的變數與字義沒有直接的關係：它不過是是單字平均出現的，從高到低的次序 (「排序」r) 而已。[29]

表2第8條的經驗定律，反映了世人使用語言的習慣；採用的原理是「排序先的單字常現，排序後的單字罕見」，數學的表現採用倒數 (負一次方) 公式：

$$f(r) = c/r \qquad\qquad 公式 (5.1)$$

公式 (5.1) 相信大致上適用於任何常用文字的大規模表現，例如英文的《莎士比亞全集》，中文白話文的《紅樓夢》。定律的英語版本以最早的提倡人，美國語言學家齊夫命名；[30]本書用「齊夫定律」一詞包括所有 (使用單字的) 語言，但不同文字應該擁有不同的比例常數c。這經驗公式主要著重最常用的單字，準確度不高 (c只是約略不變)，而且可能不適用於罕用字。

29　(平均出現的) 頻率 (Frequency, f)，排序 (按平均出現頻率排列的次序rank, r)。最常用的單字的排序是1，次常用的單字的排序是2，如此類推。

30　Zipf's law. 齊夫 (George Kingsley Zipf, 1902–1950)，美國語言學家，哈佛大學教授。關於這定律的起源見Wikipedia, "Zipf's law"條，2014年9月20日，19:08。

我們可以利用公式 (5.1)，比較一種語言裏的兩個常用的單字，消去因語言而異的 (而且不太準確的) 常數c。第m個最常用的單字排序當然是m；假如它的出現頻率是f_m，我們得到下面有趣的推論：

$$mf_m \approx nf_n \qquad\qquad 公式 (5.2)$$

採取$m = 1$，我們看出：在任何一種語言裏，最常用的單字出現的頻率約略是第2個常用字的2倍，第3個常用字的3倍⋯，第n個常用字的n倍。

齊夫定律代表全球好幾十億人不謀而合的語言習慣。定律背後有甚麼生理、心理、文化傳統的根據呢？這問題尚待學者的深入探討。我們將在本章兩篇附錄裏討論兩個有相當代表性的字彙。

6. 飽和現象

6.1. 飽和現象與報酬遞減定律

當一個系統的生產成本x趨於無窮時，所湧現的效果$N > 0$往往並不隨着趨於無窮，反而趨於一個有限的漸近數值M。這「飽和現象」不能用直線表示；它肯定屬於非線性數學。[31]我們在本章只討論N從低值向M爬升的情況。

---

31 Saturation. 我們接受經濟學「市場飽和」(market saturation) 的定義，「飽和數值」(M) 通常只能漸近，但不可跨越。物理學的「飽和數值」卻往往是可以跨越的。

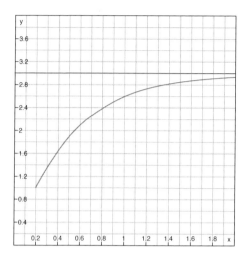

圖3. 飽和現象。

　　我們可以想像逐步增加對某個企業的投資x的情況。當x超過某個數量後，每次得到的加添效益便往往愈來愈小。這現象在經濟學裏叫做「報酬遞減定律」。[32] 這是因為總效益受到「飽和現象」直接、間接的限制：即使無窮的投資也只能帶來有限的實效了。報酬遞減定律所表達的是飽和曲線的斜率；[33] 我們討論飽和現象時，因此也同時看到相應的「報酬遞減」。當N趨於飽和值M時，這斜率便隨着趨於0了。

6.2. 飽和現象的實例

a. **飲食**。我們沒有無限的飲食慾。飽和的一個原因當然是消化系統容量的限制，但身體遠在達到這容量之前，已不住釋放出愈來愈強的「停止」訊號，引起感

32　The law of diminishing returns. 見Wikipedia, "Diminishing returns" 條，2014年9月30日，01:51。

33　數學上這斜率是曲線的微分導數dN/dx。

覺上的「報酬遞減」。例如第100口甘泉所帶給沙漠
缺水旅人的滿足感遠不如第99口。

b. **播種與收成。** 每粒種子的正常成長，需要一定的土壤
面積和空間。在一塊土地上，當播種的數量x超過某
「臨界密度」後，淨收成N便會出現「報酬遞減」，
趨於一定的飽和數值M。

c. **投資與銷售。** 商店的每月銷售額是N；若每月投資成
本x超過某個限度時，則每月投資所得的報酬同時遞
減，N趨於飽和。這現象有許多可能的原因：例如商
店的面積太小，不能同時妥善容納太多的顧客。

d, **工業生產線。** 若工業生產線上的技工數量超過某個限
度時，平均每位技工的貢獻愈來愈小。例如技工的行
動可能互相制肘，又例如生產增進的阻滯可能根本不
在人手不足，而在原料的源源供應。

　　上述所舉的幾項飽和現象的例都以「飽和」作為實質次
系統互動下的湧現：實質次系統的數量是自變數；「飽和」
的程度是在這自變數改變下的因變數。

6.3. 生命的歷程

　　一個牽涉到時間的常見現象是「生、老、病、死」的生
命歷程。二千多年前，釋迦牟尼震驚於人生歷程的普遍性，
因而創立佛教，企圖拯救眾生。雖然釋迦牟尼強調的是人生
不如意的層面，我們可以擴充這歷程前半的描述，同時合併
「老、病」，寫成比較中性的5個階段：

出生、滋長、穩定、衰退、死亡。

不但凡人必走這一條路，相類的情形也出現於許多因時而變的系統：例如生物、物種、企業、社團、國家、朝代、時尚、文化；恆星、星系、甚至可能整個宇宙；放射性元素的蛻變、鐵的生鏽、訊息的傳播；新工業產品的生意額、商店每月顧客的數量。這些到處出現的歷程未必都代表傳統的「湧現」，但肯定是非線性數學的表現。歷程的開始和結局：出生與死亡，都是重要的臨界效應，已略見第五章，在此不贅。[34]

6.4. 物流曲線[35]

從出生直到「穩定」的生態過程可以用不同的方式寫出，最常用的是「物流曲線」，[36]：

$$N = M /[1 + (M/N_0 - 1)e^{-bt})]; M > N_0 > 0; b > 0. \qquad 公式 (6.1)$$

34　第五章第4.3節，表3。

35　參見Wikipedia, "Logistic function" 條，2014年9月22日，13:50。在第2節 (In ecology) 裏的$\{P, P_0, K, r\}$相當於我們的$\{N, N_0, M, b\}$。

36　物流曲線 (Logistic curve)。 Logistic一字本來的意思是「精於計算」 (skilled in computing)，亦譯「後勤」，「代表軍隊實物的流動、儲存的規劃、實施與控制的過程，但現在用途已不限於軍事，「物流」一詞較為適合。「邏輯」是流行的中文誤譯。首先研究這著名曲線的人是比利時數學家維爾胡斯脫 (Pierre François Verhulst, 1804–1849)。

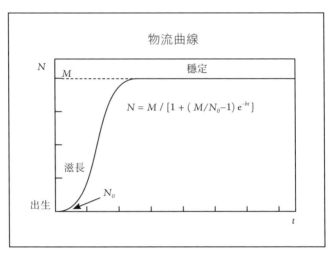

圖4. 可以代表「滋長、穩定」的物流曲線。

　　例如N可以代表一個人的體重；這體重是許多不同細胞、器官、按時互相影響下的集體湧現；它當初是N_0，以N_0ebt的指數曲線方式迅速攀升，[37] 然後趨向飽和數值M。

　　N也可以代表許多其他現象，例如

細菌數目在實驗環境中的增長。

新工業產品，例如輕便手提電話，打進市場後的每年銷售量；[38]

6.5. 物流曲線與人口[39]

　　根據聯合國的統計數字，世界人口近年的演變如下：

37　較準確的表示是$N \sim N_0 e^{(1-\varepsilon)bt}$, $\varepsilon = N_0/M$.

38　在物流曲線裏N_0不等於0。圖5採用的數值是：$N_0 = 0.02$，$b = 2$，$M = 4$。

39　取自美國Xavier University網頁*http://www.cs.xu.edu/math/math120/01f/ logistic.pdf*，例題2。

年度	1927	1960	1974	1987	1999	2011
人口	20億	30億	40億	50億	60億	70億

假設這些數字依循物流曲線，若從1900算起作為 $t = 0$，1927作為 $t = 27$，如此類推，算出來的公式便是 (以億為單位)

$$N = 115 / (1 + 12.8e^{-0.0266}t) \qquad\qquad 公式 (6.2)$$

逆算出來的全球人口在1900年是8.33億，在1907年，達到10億；[40] 若公式繼續生效，則全球人口將來會趨向115億作為飽和值。

7. 物流映像與小學算術

7.1. 迭代運算

下面非常簡單的公式

$$n_{k+1} = f(n_{k)}，已知 n_0 。 \qquad\qquad 公式 (7.1.)$$

需要的每一步工作都是相當直率的運算：我們從 $k = 0$ 開始，將已知的 n_k 代入公式右方，便可得 n_{k+1}；再將 $k+1$ 改稱新的 k，重複計算，如此類推，我們便可以取得一連串的答案：$\{n_k\} \equiv n_1, n_2, n_3\cdots$。這逐步代入的工作叫做迭代，[41] 是自反饋在數學上的直接表現，見圖4。公式 (7.1.) 叫做迭代公式。[42]

---

40 算出來的時間是 $t = 7.446$。

41 Iteration.

42 Iterative formula.

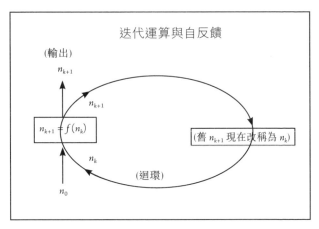

圖5. 迭代運算與自反饋。

7.2. 物流映像

　　數學家指出，第5.4節的物流曲線遵守下面的非線性微分方程式和初始條件

$$dN/dt = bN\,(1-N/M)，如 t = 0，則 N = N_0。\qquad 公式 (7.2)$$

與這公式對應的迭代方程式，[43]

$$n_{k+1} = r\,n_k(1- n_k)，已知 n_0。\qquad 公式 (7.3)$$

　　這公式叫做「物流映像」。[44] 我們從 n_0 開始，採用小學的算術，只牽涉到：加法、減法、乘法，甚至不用除法，已經

43　$(N_{k+1}- N_k) / (t_{k+1}- t_k)]$ 是一個「有限差」算式。當 $t_{k+1}- t_k$ 趨於0時它便趨於微分值 dN/dt。我們選擇一個相等的時距 $t_{k+1}- t_k= D$，寫出與 (5.5) 對應的有限差方程式 (finite difference equation) $(N_{k+1}- N_k) /D = bN_k\,(1- N_k / M)$。代入 $r = bD + 1$，$n_k = (r-1)\,N_k /rM$，便得到公式 (5.5)。

44　物流映像 (Logistic map) 維基百科譯作「單峰映像」。可參看 Wikipedia, "Logistic Map"條，2014年9月24日，12:14。

可以利用迭代找出$\{n_k\}$了。公式 (7.3) 雖然簡單,但既然含有n_k的2次方,已屬於非線性數學。

我們將在下面兩章討論物流映像所蘊藏的、奇妙「複雜性」。[45] 但且容我們預先披露一個通常意想不到的奧秘:若$\{n_k\}$是符合公式 (7.3) 的一系列迭代答案,我們可以天真地問:這些答案的分佈是否有一定的規則?

答案是:未必如此;要視r的數值而定。若$3.569945672... = r_\infty < r = 4$,$\{n_k\}$幾乎完全沒有簡單的規則可循,[46] 可以當作一組「胡亂數字」看待。原來我們陰差陽錯,已踏進了第十二章討論的「混沌」領域了。

8. 小結:簡單數學的活用

本章討論了一些值得活用的簡單數學。

指數定律和飽和都是常見的非線性現象。遵守指數定律的萬有引力無所不屈,是太初宇宙「對稱破碎」的主要原動力,也可以說是自我組織的開始。美國人掛在口頭的80–20定律更喚醒我們對人生的取向作有意義的抉擇。齊夫定律簡潔地表達了所有人類語言的共通特色。

物流曲線是一條顯示出飽和的連續曲線,它滿足一條非線性微分方程式;與後者對應的非線性有限差方程式叫做物流映像。出人意表的是:它的迭代解答只需動用小學算術;這些小學算術竟然開闢了混沌學的新天地。

新興的複雜性科學可以說有三條支柱:分形、混沌動

---

45 見第十一章第3節;第十二章第2,3節。
46 當然它們仍然是公式 (5.4) 的迭代答案,而且在$r = 4$的特例中,若$n_0 = \sin^2 \pi\theta$,則我們可以輕易地直接算出$\{n_k = \sin^2 (2k\pi\theta)\}$,不需要經過迭代運算。

力學（合稱混沌學）和與湧現特性關係密切的自發性自我組織。[47] 分形遵守指數定律，但「維度」往往不是正整數。

附錄A. 從中、英文看齊夫定律

本章第5節所討論的齊夫定律說：單字出現頻率與單字出現的排序成反比。我們現在以英語和繁體漢語字彙為例，同時計算定律裏每個語言、每個單字的比例常數c；它隨着排序的不規則改變反映出定律不準確的程度。

附錄A.1列出英語字彙的頻率，算出來的c的約略數值是0.1；附錄A.2列出中文繁體字字彙頻率，算出來的c約略是0.06。

---

47 見第十一、十二、十三章。

A.1. 英語的齊夫定律

下表是根據白朗字彙裏1百多萬字的出現頻率。[48] 計算出來的比例常數$c \sim 0.100$。例如 "to" 字出現頻率是2.5744%，是第4個最常用字；所以2.5744%$= 0.10297/4$，算出來的比例常數$c \sim 0.103$。

表A1. 英語「白朗字彙」與齊夫定律

排序	單字	出現次數	出現頻率f = c/r	計算出的比例常數c
1	the	69970	6.8892% = 0.068892/1	0.069 = 0.100−0.031
2	of	36410	3.5839% = 0.071648/2	0.072 = 0.100−0.028
3	and	28854	2.8401% = 0.085203/3	0.085 = 0.100−0.015
4	to	26154	2.5744% = 0.102976/4	0.103 = 0.100 + 0.003
5	a	23363	2.2996% = 0.149800/5	0.150 = 0.100 + 0.050
6	in	21345	2.1010% = 0.126060/6	0.126 = 0.100 + 0.026
7	that	10594	1.0428% = 0.072996/7	0.073 = 0.100−0.027
8	is	10102	0.9943% = 0.08949/8	0.089 = 0.100−0.011
9	was	9815	0.9661% = 0.08695/9	0.087 = 0.100−0.013
10	he	9542	0.9392% = 0.09392/10	0.094 = 0.100−0.006
11	for	9489	0.9340% = 0.10274/11	0.103 = 0.100 + 0.003
12	it	8760	0.8623% = 0.10348/12	0.103 = 0.100 + 0.003
13	with	7290	0.7176% = 0.09329/13	0.093 = 0.100−0.007
14	as	7251	0.7137% = 0.09992/14	0.100 = 0.100 ± 0.000
15	his	6996	0.6886% = 0.10329/15	0.103 = 0.100 + 0.003
16	on	6742	0.6636% = 0.10618/16	0.106 = 0.100 + 0.006
17	be	6376	0.6276% = 0.10669/17	0.107 = 0.100 + 0.007
18	at	5377	0.5293% = 0.09547/18	0.095 = 0.100−0.005
19	by	5307	0.5224% = 0.09926/19	0.099 = 0.100−0.001
20	I	5180	0.5099% = 0.10178/20	0.102 = 0.100 + 0.002

---

48 白朗字彙 (Brown Corpus) 是1967年美國白朗大學公佈的標準美國英語字彙，全名The Brown University Standard Corpus of Present-Day American English。見Wikipedia, "Brown Corpus"條，2014年4月16日，16:53。

A.2. 漢語繁體字的齊夫定律

臺灣中央研究院檢閱了約5百萬個繁體字後，[49] 在2008年發表關於12,000常用字的統計資料。計算出來的比例常數 c 平均值約為0.060。[50] 例如「我」字是第7個最常用字，因此 0.83% = 0.058/7 , $c \sim 0.058$。

表A2. 中文繁體字彙的齊夫定律

排序	單字	出現次數	出現頻率f = c/r	計算出的比例常數c
1	的	285826	5.82% = 0.0582/1	0.058 = 0.060 + 0.002
2	是	84014	1.71% = 0.0342/2	0.034 = 0.060 – 0.026
3	一	58388	1.19% = 0.0425/3	0.043 = 0.060 – 0.017
4	在	56769	1.16% = 0.0464/4	0.046 = 0.060 – 0.014
5	有	45823	0.93% = 0.046/5	0.046 = 0.060 – 0.014
6	個	41077	0.83% = 0.041/6	0.041 = 0.060 – 0.019
7	我	40332	0.83% = 0.058/7	0.058 = 0.060 – 0.002
8	不	39014	0.79% = 0.063/8	0.063 = 0.060 + 0.003
9	這	33659	0.69% = 0.062/9	0.062 = 0.060 + 0.002
10	了	31873	0.64% = 0.064/10	0.064 = 0.060 + 0.004
11	他	30025	0.62% = 0.068/11	0.068 = 0.060 + 0.008
12	也	29646	0.60% = 0.072/12	0.029 = 0.060 + 0.012
13	就	29211	0.59% = 0.077/13	0.077 = 0.060 + 0.017
14	人	24269	0.50% = 0.070/14	0.070 = 0.060 + 0.010
15	都	20403	0.41% = 0.062/15	0.062 = 0.060 + 0.002
16	説	19625	0.40% = 0.064/16	0.064 = 0.060 + 0.004

49 中央研究院 (Academia Sinica)。

50 「中央研究院平衡語料庫詞集及詞頻統計」(Word List with Accumulated Word Frequency in Sinica Corpus 3.0) (2008年2月6日)， http://shelandy. blogspot.com/2008/02/100.html

十一

造化的板斧
奧妙的分形

To see a World in a Grain of Sand,	天堂孤蕊裏，
And a Heaven in a Wild Flower,	宇宙粒沙收；
Hold infinity in the Palm of your Hand,	掌握無窮秘，
And Eternity in an hour.	須臾萬紀遊。

——William Blake（威廉 · 布雷克）[1]

1. 楔子：程咬金的板斧

多年前在西安，筆者看到唐朝開國名將盧國公程知節（程咬金，589–665）的墓碑。在章回小説《説唐全傳》裏，程咬金是一位鹵莽得可愛的人物：他在睡夢中蒙高人傳授絕技八十四道板斧，醒來忘記了一大半，只記得三十六道，[2] 但他使起來居然有板有眼，「斧斧」生風。三十六道使盡後，若敵人還不乖乖束手就縛，他還有「三十六策，走為上策」，逃命去也。據説憑這三十六道板斧和一連串逢凶化吉的無比幸運，他竟成為唐朝的一位開國元勳。民間傳説更加油加醬，説這位福將夢醒後沒有忘記的板斧只有三道半。

1　布雷克（1757–1827）英國詩人。全詩 *Auguries of Innocence*（《無邪的預兆》）原文長達132行；筆者只譯出世人經常引用的最初四句。

2　《説唐全傳》是清朝出版的通俗小説。程咬金夢中學得三十六道板斧的故事見第二十一回。網上版中見http://read.big5.anhuinews.com/system/2005/02/22/001138444.shtml。

根據掃興的正史（《唐書》和《新唐書》），[3] 程咬金慣用的兵器竟然根本不是板斧，而是長矛。

我們且問：造化創造萬物，使宇宙運作，究竟動用了多少道板斧？

板斧之道相信貴精而不貴多。本章與下章討論的兩道板斧是：

分形理論：[4]　　　　圖象在空間的自似。

混沌動力學：[5]　　　現象對時間的敏感。

分形理論與混沌動力學通常合稱「混沌學」，[6] 都可以說是非線性數學裏「迭代運算」和「反饋」多層次的表現。近半個世紀這兩道板斧得到電算機的大力支持，如虎添翼，徹底改變了我們對大自然法則的了解。

據說程咬金當初落草為寇時，自稱「混世魔王」，但盜亦有道，他劫富濟貧，在兵荒馬亂的隋末濁世製造了一片安寧的小天地。混沌學不但也有一個「混」字，它是可以從簡單非線性數學產生的、粗看起來好像不依常套的狀態，但這狀態有自己的條理；從中可以湧現出絢麗的圖案、環境不能全面控制的自主能力、和「第三道板斧」：「自發性自我組織」，[7] 包括從環境汲取滋養，產生、維持內在秩序的所有生物和它們組合而成的整個生態。混沌學和自發性自我組織的探討都屬於複雜性理論。[8]

3　後晉・劉昫等：《唐書》，945年出版；北宋・歐陽修等：《新唐書》，1060年出版。

4　Fractal theory.

5　Chaotic dynamics. 這名字可能使人見而却步，但簡單的非線性數學已足以解釋個中的奧祕。

6　混沌學 (Chaos)，

7　Spontaneous self-organisation，是第十三章的主題。.

8　複雜性理論 (Complexity theory)。

2. 分形

2.1. 無窮操作下產生的分形

在19–20世紀間，數學家開始探討幾何圖象在 (想像中) 無窮重複操作下的結果，擴充了「維度」的概念，表現出凡人會認為匪夷所思的特例：康托爾集 (1883)、科赫曲線 (1904)；謝爾賓斯基地毯 (1916) 等。[9]

這些想像出的結構都擁有「自似」的特性；曼德博更從「自似」概念發展出分形的理論。[10] 他本人立出的定義是：[11]

> 分形是一個可以分成部分的粗糙或破碎的幾何形狀，而且每一部分都 (至少約略地) 是整體的縮本。

這就是説，在某種意義上「部分」竟然可以代表「全體」！自似性的確是分形「微妙」之處。

上述數學家的特例現在都已成為「分形」的典範。我們且一看康托爾集的產生。

9 　康托爾 (Georg Cantor, 1845–1918)，德國數學家；科赫 (Helge von Koch, 1870–1924)，瑞典數學家；謝爾賓斯基 (Wacław F. Sierpinski, 1882–1969)，波蘭數學家；德國數學家豪斯多夫 (Felix Hausdorff, 1868–1942) 更提出了推算非整數維度的方法。

10　自似 (Self-similarity)；分形 (fractal)，亦譯碎形、殘形。Benoit Mandelbrot (1924–2010)，波蘭出生、法國長大、長期居住美國的數學家，分形幾何學之父。他的姓是德文，意思是「杏仁餅」。「本華、曼德博」是他自己採用的譯名。

11　"A fractal is a rough or fragmented geometric shape that can be split into parts, each of which is (at least approximately) a reduced-size copy of the whole." 見 Wikipedia, "Fractal" 條，2014年10月5日，00:51，第3節 : "Characteristics"。

步驟0.先取一個直線線段，令$k = 1$；線段的數量是$n_k = 1$

步驟1.現有的是n_k條直線線段。在每線段除掉正中的1/3；

步驟2.將過去的$k+1$命名為新的k；回到步驟1，永無了期。最後的圖形便是康托爾集。

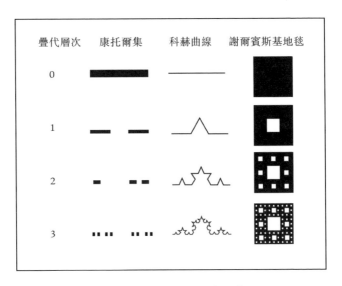

圖1. 三個經典分形的逐步形成。

圖1描出三種分形：康托爾集、科赫曲線和謝爾賓斯基地毯的初步形成。這些分形都服從指數定律$M = cL^d$；它們的維度d只牽涉到「長度」之比(L_2/L_1)和「大小」之比(M_2/M_1)：

$$d = \log(M_2/M_1) / \log(L_2/L_1) \qquad 第十章，公式 (3.3)$$

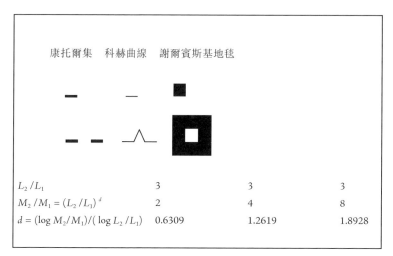

圖2. 分形維度d的計算。

我們熟悉的規則性圖形的維度都是正整數，例如直線的維度是1，正方形的維度是2，立方體的維度是3；分形卻可能擁有非整數的維度。我們可以說，康托爾集是在「點」(維度 = 0) 和「線」(維度 = 1) 之間的結構，所以算出來的維度是0.6309便不足為奇了。同樣，科赫曲線和謝爾賓斯基地毯都在「線」和「面」(維度 = 2) 之間；算出來的維度也在1與2之間，見圖2。[12]

2.2. 大自然裏出現的分形

在20世紀出現的眾多科學發現之中，影響藝術最深遠的，相信是曼德博的「自似」概念。

原來許多自然景象，上至雲霞的浮幻，下至古樹的蒼勁、石岩的嶙峋、山嶽的恢奇、海岸的彎凹、河流的蜿蜒，

12 正整數的分形維度不常見，但不是沒有。例如第5節裏的曼德博集的維度是2。

大都由於某種(或多種)基本形狀的單元，在不同地點，以不同大小的形式，反覆的出現。「自似」也出現在音樂家樂曲的旋律，甚至可見於人體內血管的分支、腦子的皺摺、心跳的律動。

海岸線的長度

要了解大自然分形的意義，最好舉一個例。曼德博指出，一個國家「海岸線的長度」一詞其實根本沒有意義可言，因為海岸有海灣，每個海灣又有更小的海灣，如此類推；(幾乎)在任何標尺下都可以看到「自似」的表現。海岸線長度只能說是無窮，[13] 兩國的海岸線因此無法用長度來比較。但是海岸線其實是一個分形；它的特徵是複雜的程度；這性質可以用「分形維度」來作數字式的表示。

分形維度遵守指數定律。一件圖象是否分形？判斷可以從維度着手。我們在兩種不同標尺下觀察物體，從每兩個標尺(每個「標尺對」)計算出分形維度；假如物體在無窮多層的不同的「標尺對」下都顯出同樣的維度，這物體便可說是如假包換的分形了。

宏觀與微觀

實際上人生苦短；沒有人能夠、或願意耗費無窮的光陰，作檢驗維度的工作。但是我們不需要做這些傷腦筋的檢驗，已經可以肯定：純數學的分形，在物理世界根本不可能存在。原因很簡單：我們在日常「宏觀」世界的「趨微」工作，不能用不變的方式繼續到當真的微觀世界(原子、電子

---

13 嚴格講來，當標尺長度接近原子直徑時，「海岸」這宏觀概念已經失效。請看下段「宏觀與微觀」。

的領域)。例如宏觀世界的直線 (或任何連續的曲線) 都不可能
存在於微觀領域；在那裏原子、電子和其他基本粒子只佔
空間的極小部分，賸下的都是一片真空。原來我們在宏觀
世界所觀察到的分形，只是符合外面幾層標尺的「表面分
形」罷了。

　　但在宏觀世界裏，「分形維度」已經可以在兩層標尺量
度後推論出來，更高層次的標尺更可以顯出分形在宏觀世界
的真確性。中國海岸線的分形維度約等於1.16；台灣海岸的
維度約等於1.04；[14] 英國的維度約等於1.26；挪威的維度高達
1.52。科學家利用分形理論，用電算機繪出了可以亂真的山
水。中國畫表示巖石肌理的「皴法」，在分形理論影響下，
將會得到新的解釋。[15]

3. 迭代運算與物流映像

3.1. 物流映像與初值問題

　　我們在第十章第7.2節已經介紹過物流映像：

$$n_{k+1} = rn_k(1-n_k), \qquad r \geq 1 \qquad \text{公式(3.1)}$$

　　物流映像的操作只靠小學算術，但每一次運算都依循非
線性公式 $y = r\,x\,(1-x)$ 進行，已經屬於非線性數學。讀者請留
意：在 n_k 與 n_{k+1} 之間其實並沒有任何公認的答案；我們往往用

14　Z. Xiaohua, C. Yunlong and Y. Xiuchun, "On Fractal Dimensions of China's
　　Coastlines," Mathematical Geology, vol. 36, No. 4, pp. 447–461.

15　皴 (音「村」，粵語音「荀」)。皴法是表示岩石肌理的繪畫筆法。見
　　gia：〈殘形美學與國畫〉網頁 http://members.tripod.com/gia_5/fractal/
　　aesth.htm

直線線段把它們連接起來，但這只是為了觀察的方便而已。

物流映像的用途很廣。例如我們通常用n_k代表某種生物群體的個體數目在不同環境（以不同的正數r來代表）下，按「年」的消長：1代表某最大值，0代表滅絕。[16]

生物數理物理學家梅羅勃自1970年代開始，對物流映像作了深入的探討。[17] 當k趨於無窮時，n_k可能趨於某個一定的漸近值n 。[18] 出乎常人意料之外的是，有些r值竟然可以令n_k趨於不止單個，而是一連串周而復始的漸近值；更有些r值，可以令n_k踏入「混沌」領域，趨於絕不重複的、無窮個漸近值！原來這一維空間的簡單非線性算術公式，竟然是一條從常規世界通到分形與混沌動力學領域的橋樑：小學程度的計算竟然引導了我們踏進這兩個看來充滿奧秘的新世界！

物流映像的性質與r的數值有直接關係；r在「量」方面的輕微變動竟然可以引起物流映像「質」方面的更改。

下列的一套r值對本節有特別的意義：

$$r_0 = 1;\ r_1 = 3;\ r_2 \approx 3.449\ 490;\ r_3 \approx 3.544\ 090;\ r_4 \approx 3.564\ 407;$$
$$r_5 \approx 3.568\ 750;\ \cdots\ r_\infty \approx 3.569\ 945\ 672;\ r_{critical} = 4.$$

---

16 我們在下文採用的時間單位是用引號括住的「年」，不必是當真的年。

17 Robert McCredie May, Baron May of Oxford（1936年生），是澳洲出生的英國生物物理學家，曾任英國皇家學會會長。他在1976年已開始發表研究物流映像的心得，指出其中隱藏的奧秘。

18 Asymptotic value.

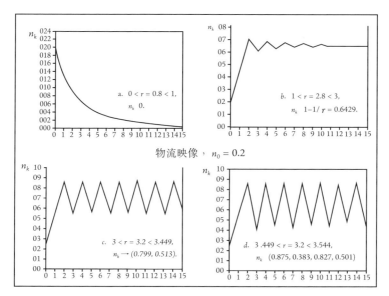

圖3. 不同 r 值引起的物流映像。
a. 絕滅領域；*b.* 單一漸近值；*c.* 兩個漸近值；*d.* 四個漸近值。

3.2. 不同 r 值引起的物流映像

我們且討論從初始條件 $0 < n_0 < 1$ 出發，在不同的 r 值影響下，n_k 的漸近值 n_∞。本節的所有計算都劃一地採用 $n_0 = 0.2$。

絕滅領域：$0 \le r < r_0 = 1$

在這領域 n_k 愈來愈小，n_∞ 等於 0。相應的生物物種終歸絕滅。

單一漸近值領域：$r_0 \le r < r_1 = 3$

在這領域裏，n_∞ 趨於單一，但不等於0的答案。我們若知道這事實，只須寫 $n_\infty = r\, n_\infty (1-n_\infty)$，便輕易算出答案 $n_\infty = 1-1/r$ 了。

第十章討論了代表「出生、滋長、穩定」過程的物流曲線。[19] 物流曲線遵守一個微分方程式，對應於這微分方程式的「有限差方程式」正好是物流映像。後者加上「老、病、死」的現象引發了釋迦牟尼的濟世胸襟。但我們且繼續討論 r 的增長；原來它更有好戲在後頭呢。

趨於兩個漸近值的領域：$r_1 \le r < r_2 \equiv 1 + 6^{1/2} \approx 3.449\,490$

在這領域裏，n_k 並不趨向任何單一的答案，而在兩個數值附近、來來去去地「打乒乓球」。例如：$r = 3.2$，$n_0 = 0.2$，$n_1 = 0.512\,000$；[20]

$$n_2 = 0.799\,539; \qquad n_3 = 0.512\,884,$$
…
$$n_{12} = 0.799\,456; \qquad n_{13} = 0.513\,044;$$
$$n_{14} = 0.799\,455; \qquad n_{15} = 0.513\,045;$$

映像顯出每 $2^1 = 2$「年」週而復始的循環。兩個順序的 n_k 趨向兩個迥然不同的漸近值；它們約略是 0.799 與 0.513。n_∞ 數值的循環週期正是 $2^1 = 2$。（我們可以用同樣眼光看上面 $r_0 \le r < r_1 \equiv 3$ 的領域，得到的單一漸近值也代表「循環」週期 $2^0 = 1$。）

n_∞ 的漸近值在 $r = r_1$ 附近已經產生了一支兩股叉。[21] 在 $r = r_2$ 附近每一股又以兩股叉的形式再分，一共成為 4 股。所以當

---

19 見第十章第6.4–6.5節。

20 我們在計算時用9位數字，將答案4捨5入，寫成6位數字。

21 從一個數值分成兩個（或多個）數值的地方叫做「分歧點」(bifurcation point)。

$r_2 \leq r < r_3$ 時，n_∞ 的循環週期是 $2^2 = 4$。順序的 n_∞ 共有 4 個不同的數值。

例如在 $r = 3.5$，$n_0 = 0.2$ 時，$n_1 = 0.560\ 000$; …

$n_{22} = 0.874\ 978$; $n_{23} = 0.382\ 871$; $n_{24} = 0.826\ 983$; $n_{25} = 0.500\ 788$;

$n_{26} = 0.874\ 998$; $n_{27} = 0.382\ 818$; $n_{28} = 0.826\ 940$; $n_{29} = 0.500\ 887$;

我們可以看出每 4 個循序的 n_k 趨近下列 4 個不同的漸近值：$n_\infty = 0.875, 0.383, 0.827, 0.501$。

趨於更多漸近值的領域：$r_j \leq r < r_{j+1}$; $r_{j+1} < r \approx 3.569\ 945\ 672$

總的來說，從 $j = 0$ 開始，$\{r_j\}$ 是一系列的分歧點：在 $r_j \leq r < r_{j+1}$ 的領域，n_∞ 擁有 2^j 個不同的數值，2^j 個循序的 n_k 代表向這 2^j 個不同漸近值的分別逼近。當 r 從「略小於 r_j」增加到「略大於 r_j」時，循環的週期突然加倍：從 2^{j-1} 躍升到 2^j。

混沌領域

當 $r_\infty \leq r \leq 4$ 時，映像踏進了「混沌」的領域，通常有 ∞ 個不重複的漸近值：這問題將在下章討論。

發散領域

當 $r > 4$ 時，映像脫離具有實際意義的領域 $[0,1]$，而趨向於不切實際的 $-\infty$。

3.3. 物流映像引起的自似

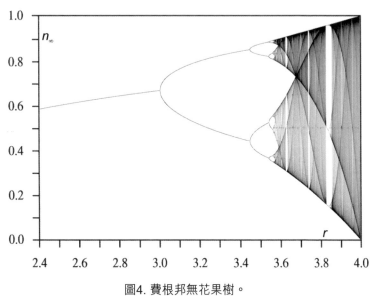

圖4. 費根邦無花果樹。

In the public domain according to Wikipedia. $N\infty$ *is defined in text.*

　　我們且探討在物流映像裏，當參數 r 變更時，漸近值的相對改變。

不循環領域

　　在 $0 \le r < 3$ 的領域，迭代運算帶來正常的、單個漸近值的答案 (循環週期是 $2^0 = 1$)。

循環領域

　　但當 $3 \le r < 4$，漸近值出現了規則性的循環：

　　分歧點的參數值：$r = r_1, \quad r_2, \quad r_3, \cdots \quad r_j, \cdots$

　　分歧方式：　　　　$1 \rightarrow 2, \quad 2 \rightarrow 4, \quad 4 \rightarrow 8, \cdots 2^{j-1} \rightarrow 2^j \cdots$。

在每兩個分枝點之間的漸近值n_∞不但有循環週期，而且數值上有連續的改變。圖4描出n_∞與r間的細節關係。

3.4. 費根邦的無花果樹

混沌科學家費根邦觀察到，[22] 當j增加時，$(r_{j+1} - r_j)$愈來愈小，但仍有規矩可尋：

$$\delta \equiv \text{Limit} \ (r_{j+1} - r_j) \ / \ (r_{j+2} - r_{j+1}) = 4.669\ 201\ 609\ 102\ 990\ 7$$
$$j \to \infty$$

這數值現在叫做費根邦常數。[23]

圖4 看起上來略似一棵大樹；它叫做「費根邦無花果樹」，紀念這樹的創始研究者費根邦；他的德文名字的意義恰好也是「無花果樹」。

$r_0 \leq r < r_\infty$的領域可以說是費根邦無花果樹的樹幹；它有無窮個分枝點；每一個分枝點附近的分枝形狀都互相相似，分枝的方式是「1分為2」。費根邦無花果樹的樹幹因此是一個分形。

4. 迭代複數運算下出現的分形

下面的討論需要採用複數的計算。附錄A也簡略地介紹複數和複數的算術。

自似使人感覺「部分」居然可以在某種程度上代表「全體」。簡單函數在迭代複數運算下所產生的絢麗圖形特別討

---

22 Mitchell Feigenbaum (1944年生)，美國數學物理學家、混沌學家。
23 Feigenbaum constant.

人歡喜，最常用的例子是朱利亞集和曼德博集。[24] 見表2。

　　兩集都依賴在複數平面Z上的迭代運算；在操作平面Z上，每次「趨向 ∞」的觀察在實際上只需要幾次迭代運算。朱利亞集本身的圖形也在平面Z顯示，曼德博集的圖形卻顯示在另一個平面C上。一連串的疊代運算可以決定一連串的$\{z_k\}$是否都歸屬朱利亞集；但只決定平面C上的一點c是否歸屬曼德博集。

　　一個複數平面上有無窮個複數點，但我們計算前應該預先決定表達複數平面的精密程度，例如在每軸上可選擇1,000點，整個複數平面便只需要1百萬個複數點。計算雖繁複而其實不難，可以用電算機輕易操作。

表2. 朱利亞集與曼德博集

	朱利亞集	曼德博集
迭代運算平面	Z平面。	Z平面。
集所在的平面	Z平面。	C平面（注意：不是Z平面！）。
開始點：起點的選擇	未經「歸屬」判定的一點z_0。	$z_0 = 0$，和未經「歸屬」判定的一點c。
迭代運算公式	$z_{k+1} = f(z_k)$ 例如$z_{k+1} = z_k^2 + 3$	$z_{k+1} = F(z_k, c)$ 例如$z_{k+1} = z_k^2 + c$
「屬於本集」的判定	若z_k不趨於∞，則整套$\{z_k\}$都屬朱利亞集，可塗紅色；否則若z_k趨於∞，則整套$\{z_k\}$都不屬朱利亞集，可塗另色。	若z_k不趨於∞，則c這一點屬於曼德博集，可塗紅色；否則若z_k趨於∞，則c這一點不屬於曼德博集，可塗另色。
大迴環：改變起點	回到開始點，更換z_0。	回到開始點，更換c。
停止	整張Z平面都經決定。	整張C平面都經決定。

24　朱利亞集 (Julia set)，曼德博集 (Mandelbrot set)。朱利亞 (Gaston Julia, 1893–1978)，法國數學家，孟德博的老師。請參看David E. Joyce, "Julia and Mandelbrot Sets," http://aleph0.clarku.edu/~djoyce/julia/julia.html, 2003年5月。

朱利亞集

$z_{k+1} = f(z_k).$
在這裏 $f(z_k) = z_k^2 + c;$
　$c = 0.36237 + 0.32i.$
　(集在 z 平面; $z = x + iy$)

曼德博集

$z_{k+1} = F(z_k)$
在這裏 $F(z_k) = z_k^2 + c;$
　$z_0 = 0.$
　(集在 c 平面; $c = a + ib$)

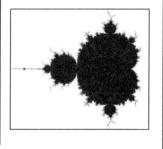

圖5. 朱利亞集與曼德博集。

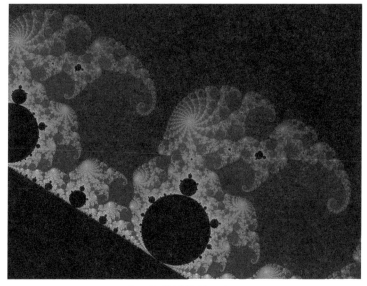

圖6. 曼德博集的一角。

圖6顯現出曼德博集一部分的細節。我們可以看到自似的重複出現，不但葫蘆形上面有葫蘆形，葫蘆形的外面又有葫蘆形。

5. 小結：納須彌於芥子

我們每人擁有10^{13}–10^{14}個細胞。身體裏面有許多血管；動脈用血液將氧氣從肺通過氣管、支氣管傳到身體每一個細胞。靜脈的血液將廢氣二氧化碳從每一個細胞傳到肺部排出體外。這工作牽涉到的是大大小小的血管，這些氣管和血管都顯現「自似」，形成分形系統。

同樣，人體有神經系統，負責感覺的傳送和處理；消化系統負責食物營養的吸收、和廢料的排除；泌尿系統負責水份的處理，這些都是分形系統。這些分形系統都包裝在我們的皮膚裏面，巧妙地自動操作。

佛家說「納須彌於芥子」，奇蹟地將龐大的須彌山放進一粒菜種裏面。但我們的身體自然地把億萬條管道放入「臭皮囊」裏，而讓它們不息地分工合作，達到「健康生存」的目的，又何嘗不是大自然神奇工作的具體表現呢？

附錄A 複數的運算

我們在本附錄非常簡略地介紹複數和複數的算術。

A.1. 實數、純虛數和複數

定義：　　　　$i = \sqrt{(-1)}.$　　　因此　　　　$i^2 = -1.$

定義：若 a, b, p, q 都是我們習慣使用的「實數」：$-\infty \le a, b, p,$

　　$q \le +\infty$，

　　則 ib, iq 都是「純虛數」，

　　　　$(a + ib), (a-ib), (p + iq), (p-iq)$ 都是「複數」。[25]

顯然實數和純虛數都是複數的特例。我們通常習慣採用 $c = a + ib, r = p + iq$。

複數平面

　　所有的實數組成一條直線：實軸（X—軸）；所有的純虛數組成一條直線：虛軸（Y—軸）。我們使虛軸與實軸垂直，製造一個平面：複數平面（Z—平面）。[26] 複數 $z = x + iy$ 是 Z—平面上的一點；它在 X—軸上的投影是 x，在 Y—軸上的投影是 y。

　　本章的首次讀者其實無需深究細節，只須知道這些複數可以用「加、減、乘、除」的方式來處理，而且答案也都是複數。

A.2. 複數的算術

　　我們大可以把 $(a + ib)$ 當作簡單的多項式 $(a + bx)$ 來處理，只要知道在這裏 $x^2 = i^2 = -1$ 便夠了。下面的幾條算術公式是簡單的推論：

加減：$(a + ib) + (p + iq) = (a + p) + i(b + q)$；

　　　$(a + ib)-(p + iq) = (a-p) + i(b-q)$.

25　實數 (Real number)，純虛數 (pure imaginary number)，複數 (complex number)。

26　實軸 (The real axis)，虛軸 (the imaginary axis)，複面 (the complex plane)。

乘法：

$$(a + ib)(p + iq) = (ap) + i(bp + aq) + i^2 bq$$
$$= (ap - bq) + i(bp + aq).$$
$$(a + ib)(a - ib) = (a^2 + b^2) + 0\,i = a^2 + b^2.$$

倒數： $1 / (a + ib) = (a - ib) / [(a + ib) \times (a - ib)]$
$$= (a - ib) / (a^2 + b^2).$$

除法：

$$(p + iq) / (a + ib)) = (a - ib)(p + iq) / (a^2 + b^2)$$
$$= [(ap + bq) + i(aq - bp)]) / (a^2 + b^2).$$

十二

蝴蝶的啟示
混沌與你

1. 楔子：蝴蝶效應

許多因時而變的現象原則上可以用一套「初值問題」方程式來代表。我們若把握了這方程式和初始時的一套數值，便可以逐步迭代運算，進入愈來愈久遠的將來，作為現象的自反饋。二百多年前，法國大數學家拉普拉斯因此認為，宇宙萬事都可以用這種方式處理，因此都是前定的。[1] 但重要的問題是：答案究竟靠得住嗎？

原來在許許多多情況之下，答案是愈來愈不可靠的。

在1961年，美國氣象學家勞倫次把一套極端簡化的氣象模型方程式放進電算機裏，進行迭代運算。[2] 他偶然發現，假如兩組計算之間的初始數據有1/1000的差異，兩套答案$\{A_k\}$，$\{\bar{A}_k\}$在開始時雖然大致相同，但彼此間的距離很快便變得愈來愈大，答案因而愈來愈不可靠。

1.1. 蝴蝶與暴風雨

他稱這現象做「蝴蝶效應」：[3] 在南美洲一隻與世無爭的

1　問題的背景已見第七章第1,4,5節。
2　勞倫次 (Edward Norton Lorenz, 1917–2008)，美國氣象學家。
3　The butterfly effect.

蝴蝶翩翩拍翅採花，只輕微地影響當時、當地的大氣，但可能因此引出十天後、遠在北美洲得克薩斯州的暴風雨。我們既然不知道在南美洲的每一隻蝴蝶有沒有拍翅，怎樣拍翅，當然也無法預測，十天後得克薩斯州會不會出現暴風雨了。

　　蝴蝶效應指出運算答案「對初始條件的敏感」引起答案的「不可長期預測性」。[4] 在出現蝴蝶效應的方程式裏，即使我們採用非常準確的初始條件，迭代運算都能逐步削減答案的準確性！當初我們或可以用10位有效數字表達初始條件，但在運算時有效數字可能迅速流失；當有效數字的位數降到低於0後，繼續的迭代運算便毫無實用的價值了。我們同時也該指出：蝴蝶效應只出現在非線性方程式；線性方程式是不會產生蝴蝶效應的。

1.2. 氣象學家心態的改變

　　氣象學家企圖預測天氣，面對兩個基本上的困難。問題的初始條件因種種關係 (例如觀測站在地球上的不規則部署)，肯定不夠齊全；但更加嚴重性的是：氣象問題的非線性方程式更顯露蝴蝶效應，不容長期的準確預測。

　　在1963之前，氣象學家採用性能愈來愈高、容量愈來愈大的電算機，作愈來愈複雜、愈來愈精細的運算，對長期預測和細節控制，充滿信心，可說是豪氣干雲；勞倫次的蝴蝶效應不啻是迎頭潑下的一桶冷水。氣象學家現在已經覺醒，知道我們不能倚賴長期的氣象預測，只好接受現實，盡力而為，廣設互傳音訊的觀測網站，不住介入多方面的觀察數據，作連續的短期推算。

　　我們通常只能預測兩三天內颶風的準確走向。2012年10

4　Sensitive dependence on initial conditions; long term unpredictability.

月末，颶風Sandy是大西洋岸有記載以來最大的颶風；它在古
巴東南岸外徘徊，突然轉北，穿過古巴上空，成為直徑1140
英里的巨大颶風，繼轉西北，在美國新澤西州大西洋市西南
登陸，[5] 肆虐了美東整整24個州，終於在加拿大消失。官方估
計這颶風製造了500億美元的損失，紐約市損失尤其慘重。[6]
Sandy的不規則走向，難以作長期、細節的預測。

1.3. 蝴蝶效應帶來的訊息

　　蝴蝶效應帶來的主要的訊息是：在一個系統裏看來無關
痛癢的小事件，可能引發無法長期預測的後果，甚至因而改
變整個系統的面目。這小事件可能只是運算開始時的出現的
輕微誤差。這對初始條件的敏感出現在非線性問題的計算，
即使問題本身理論上只有一個答案 (即使問題是「決定性」
的)，但我們作數字運算時沒法採用無窮個數位；所以誤差是
無可避免的。[7]

1.4. 混沌學

　　蝴蝶效應其實絕不限於氣象的計算；它經常出現在許許
多多的實際問題裏。討論蝴蝶效應的學問現在叫做混沌動力
學，勞倫次的發現是混沌動力學的里程碑。

5　新澤西州大西洋市 (Atlantic City, New Jersey)。
6　四天後美國大選，奧巴馬總統 (Barack Obama, 1961生) 獲得連任；不少
　　人認為一個關鍵是他竭力救災，引起好評如潮。
7　見Wikipedia, "Chaos theory" 條，2014年10月6 日， 18:02："Small
　　differences in initial conditions (such as those due to rounding errors in
　　numerical computation) yield widely diverging outcomes for such dynamical
　　systems, rendering long-term prediction impossible in general. This happens
　　even though these systems are deterministic, meaning that their future behavior
　　is fully determined by their initial conditions, with no random elements
　　involved."

混沌動力學與分形理論互為表裏，都正式成型在20世紀後葉，是複雜性理論的兩大支柱，往往合稱「混沌學」。分形的特徵是圖形在空間的自似，混沌動力學的特徵是現象對時間的敏感。下面我們更指出，在混沌動力學裏也可以看出分形。

本章繼續上章的初步探討，從簡單實際的迭代非線性運算出發，鳥瞰混沌動力學，並且討論它怎樣影響現代科學思潮，我們的宇宙觀和人生觀。

2. 邏輯映像顯出的蝴蝶效應

我們在上章用邏輯映像

$$n_{k+1} = rn_k(1-n_k)$$

作迭代運算時，已看到參數r的不同選擇可以大大影響答案的性質：

若$0 \leq r < 1$，　　　　　　　　漸近答案趨向0；

若$1 \leq r < 3$，　　　　　　　　漸近答案趨向單一數值$(1-1/r)$；

若$3 \leq r \leq r_\infty \approx 3.569945672$，　漸近答案出現週而復始的、多層次分歧；

(本章將討論$r_\infty < r \leq 4$的漸近答案)

若r大於4，　　　　　　　　　　漸近答案趨向$-\infty$。

在本節我們將討論上章尚未涉及的混沌領域$r_\infty < r \leq 4$。

在這領域裏初始條件輕微的差異會引起答案數值全面的不同；這是蝴蝶效應的簡單實證。

2.1. r = 4時的邏輯映像

在 $r = 4$ 時的邏輯映像方程式是

$$n_{k+1} = 4\, n_k(1 - n_k)$$

公式 (2.2)

在表1中，第2, 6列是選擇 $n_0 = 0.2000$ 後所得的順序答案；它們都沒有顯示出任何規則，這是混沌計算領域的標記。表1第3, 7列是選擇 $\tilde{n}_0 = 0.2001$ 後算出來的迭代答案；它們同樣也沒有顯示出任何規則。

表1. 邏輯映像裏誤差的蔓延

$(n_{k+1} = 4n_k(1-n_k),\ n_0 = 0.2000;\ \tilde{n}_{k+1} = 4\tilde{n}_k(1-\tilde{n}_k),\ \tilde{n}_0 = 0.2001.$ 運算時採用12位數字。$)$

k	n_k	$\tilde{n}_k$	有效數字的位數	k	n_k	$\tilde{n}_k$	有效數字的位數
0	0.200 000	0.200 100	3				
1	0.640 000	0.640 240	3	11	0.503 924	0.748 353	(無意義)
2	0.921 600	0.921 331	3	12	0.999 938	0.753 283	(無意義)
3	0.289 014	0.289 921	3	13	0.000 246	0.743 391	(無意義)
4	0.821 939	0.823 467	2	14	0.000 985	0.763 044	(無意義)
5	0.585 421	0.581 477	2	15	0.003 936	0.723 232	(無意義)
6	0.970 813	0.973 446	2	16	0.015 682	0.800 671	(無意義)
7	0.113 339	0.103 396	1	17	0.061 745	0.638 388	(無意義)
8	0.401 974	0.370 820	0 (修約為1)	18	0.231 729	0.923 385	(無意義)
9	0.961 563	0.933 250	1	19	0.712 124	0.282 948	(無意義)
10	0.147 837	0.249 178	0	20	0.820 014	0.811 554	(無意義)

2.2. 比較兩組初值稍異的數據

我們要特別注意的，是兩組數據的比較；更準確地說，是在n_0約等於 0.2000，但含有0.0001的誤差時，迭代答案的可靠程度。

在上表直到$k = 9$為止，從小數點數起，n_k與$\bar{n}_k$相同的部分都帶有下畫線。這些部分可以當做不受初始誤差干擾的「有效數字」，值得接受。但沒有下畫線的部分並不可靠。我們也將有效數字的位數寫在上表的第4列；例如$k = 4$時，答案只有2位有效數字。

開始時 ($k = 0$) 我們有3位有效數字，在$k = 4$時只剩兩位，在$k = 7$時只剩1位，在$k = 8$時，兩個答案已沒有顯明的有效數字，但在4捨5入的「修約」下，[8]有效數字仍有1位。在$k = 10$的時候，有效數字已經完全消失了！從此以後有效數字的估計已經毫無意義；特別是在$k = 13$到16的一段，n_k接近最小值0，而$\bar{n}_k$卻大於0.7，接近最大值1。n_k與$\bar{n}_k$數值相近的地方 (例如$k = 20$的頭一個數字) 只是偶然而已。

圖1繪出兩套數值的比較。我們可以看出，這兩套數值本身都沒有簡單的規則可尋。當初它們互相非常接近；但在$k = 10$之後，大致上沒有可預測的關聯。這種「對初始條件的敏感」正是蝴蝶效應的標誌；邏輯映像的簡單迭代運算在這裏供應了實例。

8　Rounding.

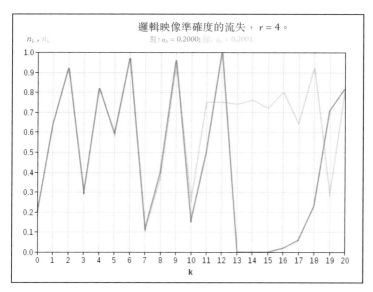

圖1. 在混沌領域，初始值的輕微差異引起準確度的迅速流失。

3. 混沌中的分形[9]

我們選擇邏輯映像作為討論混沌動力學的例子，一個重要的原因是它的低維度：它只牽涉到一維空間，每一個答案都只需要用單一數字來表示。但我們已經看到這簡單問題已經具有深奧的含義：在參數r的改變下，它竟然從正常世界經過分形世界，過渡到混沌的領域。

通常實質系統的混沌問題出現在我們所處的3維空間：(x, y, z)。科學家更討論一個在運動中的質點朝着這三個方向的動量：(p_x, p_y, p_z)，[10]而且用一個6維的抽象空間，叫做「相空

9　本節指出混沌動力學與分形間的緊密關係，但題材略為抽象；讀者首次閱讀時可以略去。

10　質點是擁有質量（例如m）的一點。若質點在3維空間的速度是(v_x, v_y, v_z)，則動量是$(mv_x, mv_y, mv_z) \equiv (p_x, p_y, p_z)$。

間」(x, y, z, p_x, p_y, p_z) 來表示單個質點的性質。[11] 這樣，質點的運動便可以用它在相空間的移動來表示了。[12]

本節雖然牽涉到多維相空間和有關的抽象概念，但許多解釋仍然可以借重一維空間的邏輯映像。

3.1. 邏輯映像準確度的複利式流失

我們且繼續討論第2節邏輯映像公式 $r = 4$ 的混沌特例，觀察初始時接近的兩點 $n_0 = 0.2000$ 和 $\tilde{n}_0 = 0.2001$ 互相拋離的狀況。「兩點間的距離」代表「失準的程度」：

如 在 $k = 0$ 時，兩點間的距離是 $d_0 \equiv |n_0 - \tilde{n}_0| = 0.0001$；

則 在 $k > 0$ 時，兩點間的距離是 $d_k = |n_k - \tilde{n}_k|$，可以寫做 $d_0 e^{ak}$。

在這裏我們引進了一個數值 $a = [\ln(d_k / d_0)] / k$，它叫做李雅普諾夫指數，[13] 代表蝴蝶效應的強度：對初始條件的敏感性，也就是兩點互相拋離的傾向。

這指數與金融借貸市場的「複利」有密切的關係。[14] 若 $a > 0$，這兩點便以複利形式互相拋離；a 愈大，則每迭代一次時拋離的程度愈大，準確度因此愈低。

蝴蝶效應出現在許多重要的自然現象，是混沌動力學的基礎，也是非線性數學的表現。但在此我們順便一提：非線

---

11 Phase space.

12 N個質點便可能需要一個6N維的相空間。

13 Lyapunov exponent，以俄國數學家李雅普諾夫 (Aleksandr Mikhailovich Lyapunov, 1857–1918) 命名。ln是「自然對數」，即底數等於 e 的對數。

14 $d_k = d_0 e^{ak}$ 可改寫做市場借貸的複利公式：$\delta_k = d_0 (1 + R)^k$，或本利和 = 本金 × (1+利率)^{時期}。在這裏利率 $R = e^a - 1$，$a = \ln(1 + R)$。混沌現象出現時指數 $a > 0$，相當於利率 $R > 0$。

性數學方程式未必一定產生蝴蝶效應。若$a < 0$，則所涉及的非線性現象不屬於混沌；迭代計算時兩點互相趨近，答案反而變得愈來愈可靠了。

我們現在嘗試利用上節的數據，計算邏輯映像迭代計算所蘊含的李雅普諾夫指數。在$k = 0$時，兩點間的距離是已知的$d_0 = |n_0 - \bar{n}_0| = |0.2000 - 0.2001| = 0.0001$。表2列出在不同的$k$下所估計出來的$a$值。

表2. 邏輯映像 ($r = 4$) 顯示出的李雅普諾夫指數，$a = [\ln(d_k/d_0)] / k$ ($d_0 = 0.0001$)

k	d_k	$a = [\ln(d_k/d_0)] / k$	k	d_k	$a = [\ln(d_k/d_0)] / k$
1	0.000 239 96	0.875	5	0.003 943 48	0.735
2	0.000 268 99	0.495	6	0.002 632 63	0.545
3	0.000 906 94	0.735	7	0.009 943 56	0.657
4	0.001 527 52	0.682	8	0.031 153 78	0.718

計算出來的李雅普諾夫指數值都在 (0.495, 0.875) 之間，兩數都大於0；平均值是0.685。

在邏輯映像裏，$n_k, \bar{n}_k$都是不大於 1的正數，所以$d_k \equiv |n_k - \bar{n}_k|$ 肯定不會超過1。但k卻可以趨向無窮，使計算出來的a趨向0。所以a的估計，作為混沌的指標，應該局限於低值的k。其實在運算初期，a已大致定型了。

3.2. 在6維相空間裏的複利問題

上面所討論的是一維空間實例所牽涉到的、準確度的流失。在許多實際問題裏，我們要處理6維的相空間；相空間的每一維都有自己準確度的流失：自己的李雅普諾夫指數。通常的處理策略是：在這6個數值中選擇最大的正值，作為準確度流失的複利指標。

李雅普諾夫指數和與它對應的複利，是混沌動力學重要的理論概念，但實際的數值應用，尤其在6維或更多維的相空間，並不太常見。

3.3. 吸引子[15]

動力系統經歷長時間後的情況，可以用相空間裏的一個圖形來表示；這圖形叫做「吸引子」，共有三種，如下：[16]

系統趨於靜止

如動力系統趨於靜止，所有動量都趨於0：$v_x = 0$, $v_y = 0$, $v_z = 0$；單粒質點牽涉到的吸引子因此只是空間的一點：$\{x, y, z\}$。

在第十章第6節和第十一章第3節所討論的物流映像裏，涉及的「空間」只有一維；這就是$\{n_k\}$可能擁有的數值。吸引子就是n_k在k趨於無窮時的漸近值n_∞。

絕滅領域： 當$0 \leq r < r_0 = 1$，n_k愈來愈小，$n_\infty = 0$；

單一漸近值領域： 當$r_0 \leq r < r_1 = 3$，n_k趨於$n_\infty = 1 - 1/r$。

（當$r_1 \leq r \leq 4$，系統並不趨於靜止。）

發散領域： 當$4 < r$，n_k趨於不切實際的 $-\infty$。

若系統趨於週期運動

如動力系統趨於週期運動，吸引子便可能是

a. 周而復始地「接受訪問」的一組幾何點；例如在第十一章第3.2節，邏輯映像在$r = 3.2$時n_∞在兩個漸近值：$0.799, 0.513$間「打乒乓球」。

---

15 本節稍為抽象，初讀時可略去。

16 Attractor.

b.　一條封閉的曲線；或

c.　一個封閉的 (多維相空間) 曲面。

若系統趨於非週期運動

混沌動力系統特別之處是：它趨於非週期運動。它的吸引子因此與上面的兩種迥然不同，叫做奇異吸引子。[17]

我們在本章用來做計算實驗的邏輯曲線只是一維空間的結構。在它的混沌領域它的奇異吸引子是在一條直線上，擁有無窮點的康托爾集；是一個到處出現自似的分形。邏輯映像「訪問」任何一點最多只有一次，絕不重複。

在6維相空間問題裏，奇異吸引子是一條性質特殊的複雜曲線，代表一個絕不重複、到處出現自似的分形。整條曲線代表答案經歷過長時間後，在6維「相空間」行走的路線：在這分形軌跡裏，當初兩個接近的兩點很快就互相拋離，顯示出蝴蝶效應。

勞倫次採取了一個簡潔、但仍是非線性的氣象模型；它的奇異吸引子出現在3維空間，見圖2。這奇異吸引子擁有兩套顯著的曲線圈；「互相拋離」的一個可能方式是：每點各據一圈。

17　Strange attractor.

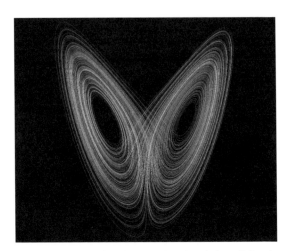

圖2. 勞倫次氣象模型奇異吸引子在2維空間的投影。

奇異吸引子把混沌動力學和分形理論聯結在一起。混沌出現時必有奇異吸引子，而奇異吸引子必然是一個分形。

4. 不穩定的太陽系[18]

我們現在放下抽象數學，討論一些與我們息息相關的現實問題。

我們在地球上休養生息；地球是繞着太陽運行的行星。太陽系的安危顯然關係到我們的存亡。我們的太陽系究竟是否持續不變呢？還是會崩潰，牽連地球呢？

4.1. 三體問題

中古太陽系理論的一個里程碑，是開普勒在1609年提出

---

18 有興趣的讀者請參看王永雄、彭金滿、陳天機《天問：宇宙真貌的探索》(香港：Oxford University Press 2013)，第五章：〈光天化日下的不軌行為：太陽系的「多體問題」〉，87–113頁。

的橢圓軌道。在1687年，牛頓力學更加以改進：兩個距離r的「質點」，質量分別是m_A和m_B，在萬有引力

$$f = -G\, m_A m_B /\, r^2$$

的牽引下，分別描出兩條繞着共同質量中心的橢圓軌道。這是有名的「兩體問題」的牛頓解答。

牽涉到太陽和兩顆行星的「三體問題」往往可以當作「兩個兩體問題 ＋ 騷擾」，用數字分析方法來計算所牽涉的數值。在牛頓解答兩體問題之後，許多大數學家都嘗試過找尋三體問題的真正解答，寫成公式；但直到19世紀末期，除了一些特例之外，並不成功。

現在我們知道，原來這「騷擾」並不簡單；它可以徹底改變「軌道」的定義！

4.2. 獎魁的賠本生意

最先在三體問題取得突破的學者是法國名數學家龐加萊。[19]

1885年，飽學的瑞典國王奧斯卡二世為了提前慶祝自己在1889年的60大壽，[20] 不惜以重金舉辦數學大獎，由瑞典名數學家米塔—列夫勒提出四個題目。[21] 當時法國數學家龐加萊年僅31歲，但已蜚聲國際；他傲骨天生，慨然接受了挑戰，不但特地避免了一個為他而設的題目，而且選了他從未研究過的問題：「太陽系是否穩定？」

19　Henri Poincaré (1854–1912)，法國數學家。
20　Oscar II (1829–1907)，瑞典國王。他在1872–1905也兼任挪威國王。
21　Gösta Mittag-Leffler (1846–1927)，瑞典數學家。

　　龐加萊勇奪了2,500克朗 的大獎，[22]得獎論文長達158頁。但當文章已在期刊印好，快要發行時，龐加萊發現了一個錯誤。他自己掏出腰包來更正，毀掉整批期刊，更將論文原本的158頁擴充到270頁，重新排版、印刷、發行。結果他不但捐獻出全部獎金，還要倒貼不少金錢呢。

　　這得獎論文並沒有當真供應全面的答案，但已開了混沌動力學的先河。一個非常扼要的結論是，牛頓力學的三體問題可以引起不穩定的現象；輕微的干擾可以徹底改變開普勒式的經典軌道。

　　龐加萊研究三體問題後，對其他運算的成效也得到了透徹的遠見。早在1890年，龐加萊已正式指出勞倫次在半個世紀後重新發現的蝴蝶效應了。[23]他顯然是混沌動力學的先知。

4.3. 混沌軌道

　　我們且天真地問，甚麼是軌道？

　　行星在軌道上行走，經歷一個固定的週期後，應該恰好回到以前的狀態。龐加萊卻指出，有些輕微的干擾可以令行星行走永不重複的道路；這道路既然永不重複，嚴格來說便已經不是軌道了。我們且依照今天通常的講法，勉強稱它做「混沌軌道」罷。

　　甚麼環境會引出混沌軌道？龐加萊指出，一個重要的因素是軌道間的「共振」。若兩顆繞着太陽的行星A，B軌道週期的比例是兩個整數：$T_A/T_B = m/n$，[24] 則質量較低的行星便

22　Kroner，瑞典錢幣。

23　見Melanie Mitchell, *Complexity: A Guided Tour* (New York: Oxford University Press 2009)，p.21。

24　m、n應該是「不可通約的」：它們之間不應有公約數。例如20/30應改寫為不可通約的2/3。

會行走混沌軌道。原因是：在每逢行星 A 繞日 n 次後，行星 B 繞日也剛好 m 次，兩者的相對位置恰好與時間 $nTA = mT_B$ 前相同；吸力的週期性強化主要改變了低質量行星的運動，便可以引出混沌軌道來了。[25]

在20世紀中葉，三位數學家終於全面解答了龐加萊的三體問題。[26]這解答，按他們名字的第一個 (英文) 字母，被稱為「KAM理論」，是應用數學的一個里程碑。

4.4. 小行星帶與混沌

在太陽系裏，地球軌道之外順序有火星軌道、小行星帶和木星軌道。小行星帶上有不止一百萬顆小行星；它們的分佈並不平均，顯出至少有四道清晰的空隙。早在1867年，美國天文學家柯克伍德已猜出：[27]這些空隙是那裏原有的小行星軌道與木星軌道間出現共振，因而消失的結果。他也指出共振軌道的週期比例是：

木星週期：小行星週期 = 3:1; 5:2; 7:3; 2:1

一百多年後，天體物理學家魏斯登終於完滿解釋了這些空隙的產生。[28]他指出：小行星軌道與木星軌道產生共振，把小行星軌道拉成狹長、但仍然近乎橢圓。這些狹長的混沌

---

25 詳情請看Carl Murray, "Is the solar system stable?"載在Nina Hall (Editor)，*The New Scientist Guide to Chaos* (London: Penguin Books 1992)，pp. 96–107.

26 Andrey Kolmogorov (1903–1987) 和 Vladimir Arnold (1937–2010) 都是蘇聯 (今俄國) 數學家；Jürgen Moser (1928–1999) 是德國和美國的數學家。

27 Daniel Kirkwood (1814–1895)，美國天文學家。

28 Jack Wisdom, (1953生) 美國天體物理學家，以行星系統混沌論見稱；見Wikipedia, "Jack Wisdom" 條，2013年3月11日，18:51.

軌道侵犯了火星軌道的領域；因此小行星可能被路過的火星吸引，脫離小行星帶，甚至遠走他方。在多個軌道接近的小行星脫離之後，小行星帶便出現顯著的空隙了。

4.5. 太陽系的穩定性

魏斯登採用自己發展出來的新計算法，利用超高速電算機徹底研究太陽系眾行星的運動。他發現混沌軌道經常出現；但值得我們慶幸的是：大多數行星（包括地球）在幾百萬年內都不會飛離太陽系。

5. 硬性決定論的軟化

我們現在擱下天體物理學，轉而討論一個富有哲學含義的重要問題。

5.1. 硬性決定論與宏觀力學

在第七章楔子我們已談過法國數學家拉普拉斯的「硬性決定論」。他說：宇宙將來的所有現象都是一個超巨型「初值問題」方程式的解答；一位睿智（拉普拉斯的妖精）把握了這方程式和整套需要的初始條件，便可以通過推算，洞察任何事物的細節未來了。

在該章我們早已指出現代微觀世界物理學對這說法所引起的質疑。但微觀世界動態的不可預測性仍然有可能組合成「決定性」的宏觀現象。（「決定性」的意義是，現象是唯一的，剛好只有單一的答案而沒有多個答案。）[29] 關於未來的預測、當真關鍵性的討論應該直接出現在宏觀世界的古典牛頓力學。

29 反例是：如 $x^2 = 4$，則 x 的可能數值不止一個：可以是2，也可以是 -2。

本章所講的蝴蝶效應至少在實際應用上否定了「硬性決定論」。它指出在我們的宏觀世界，在古典物理學領域裏，常見、實際、而且非常重要的決定性方程式往往不能供應長期準確的預測答案。

這些現象也許可以用精確的 (而且理論上具有「決定性」的) 方程式來描繪，甚可以寫出短期的數值預測。但我們絕對沒法寫下 (或應用) 無窮精確的初值條件，因此單純從誤差的累積 (有效數字的流失) 的角度來看，這些遵守蝴蝶效應的方程式，在原則上根本沒有實用的長期預測價值！

5.2. 預測能力的沖淡

我們預測未來的能力肯定會被時間逐步沖淡。換句話說，混沌動力學「軟化」了拉普拉斯硬性決定論：世間絕不可能有單靠一套初始條件，便能洞察宇宙無窮未來的拉普拉斯妖精。即使在一些宏觀經典力學的簡單領域 (例如三體問題、颱風走向的計算) 裏，我們已經不能作長遠的預測，而對計算出來的答案抱有任何信心。

在第七章楔子，我們也引述過普里果金的話：假如硬性決定論當真是正確的，上帝便淪為檔案管理員，每天只揭動宇宙巨書的一頁。但物理學家戴維斯指出，其實宇宙巨書的末章仍然尚待執筆呢。[30]

5.3. 自我組織與自由意志

既然硬性決定論在混沌動力學面前站不住腳，外界操縱現象的能力顯然也大大減弱。從這點開始，到不容輕易侵凌

30　Paul Davies, "Is the Universe a machine?" 載在 Nina Hall (編) , *The New Scientist Guide to Chaos*, Pp.213–221.

的「自發性自我組織」是相當自然的一步。[31]但混沌動力學的「不可長期預測性」，在許多情形之下也是「自發性自我組織」的前奏。從「自發性自我組織」裏出現「自由意志」相信也是自然的一步。

我們不能證明因果律的存在，因此也沒法證明自由意志的存在，[32]但理論物理學家戴維斯同意複雜性科學家克勞趨費爾德的看法：[33]在一個看來「決定性」的宇宙，混沌替自由意志鋪設了康莊大道：

> 在一個藉着決定性法則來管理的世界，混沌供應了一個容許自由意志的機制。[34]

換句話説，混沌動力學為相信自由意志的人們注射了強心針。自我組織愈難預測，外界操縱它的能力便愈加薄弱；自發性管理（自由意志）存在的可能性也相應地提高。

筆者認為自由意志不但存在；生物的志向行為已是它實際的表現了。這表現需要生物本身擁有自動能力。我們觀察它們（包括啄米的小雞，和觀察小雞的我們自己）的志向行為，因而推論自由意志在實際上的有效施行。[35]

---

31 自發性自我組織是第十三章的主題。

32 已見第七章第4節。

33 James P. Crutchfield (1955年生) 美國複雜性科學家。見Paul Davies, *The Cosmic Blueprint: Order and Complexity at the Edge of Chaos* (London: Penguin Books 1989) , p. 190.

34 "⋯Chaos provides a mechanism that allows for free will within a world governed by deterministic laws."

35 已見第七章第4.3節。

6. 小結：自由的曙光

　　上章楔子說，造化有三道板斧：分形、混沌動力學和自發性自我組織。分形和混沌動力學這兩道板斧合稱混沌學；它們互為表裏，劈開了複雜性理論隱秘的大門，讓自由的曙光驅散「硬性決定論」的陰霾，讓自發性自我組織出現，

　　自由意志雖云不可證明，仍然是人生、人類社會文化的基石。混沌理論鼓勵我們用思想、行動來顯示自由意志的存在，來影響自己和自己社會的將來。筆者認為即使我們當真是沒有自由意志的傀儡，也值得做有幻想、有夢囈、有志向、肯嘗試的傀儡。

十三

窺豹一斑[1]
自發性自我組織的湧現

1. 楔子：窺豹一斑[2]

「窺豹一斑」這古老的成語表面上好像是批評別人見識淺薄的貶詞，其實帶有正面的含義，代表「略有所得」。從竹筒洞裏看世界，可能只看到金錢豹的一個斑點；但能夠看到一斑，總比完全看不見的好。我們如有自知之明，作虛心的探討，也許可以從部分的觀察猜出許多事物的「全豹」來。

天文學家夜觀天象，所能看到的只不過是浩瀚宇宙的一個小角落，但他們假設從這小角落得出來的法則在看不到的地方仍然有效不變，我們便能夠猜出整個宇宙的現在、過去與未來。[3] 我們現在更知道，動物身上的斑點、條紋、圖案，原來是一個分形；而分形的特點是：觀察它的部分可以知道

1　讀者可進一步參考Melanie Mitchell, *Complexity, a Guided Tour* (New York: Oxford University Press 2009) , Chapter 19：The Past and future of the sciences of complexity, pp. 291–303; Paul Davies, *The Cosmic Blueprint: Order and Complexity at the edge of Chaos* (London, Penguin Books 1987) , Chapter 6, Self-organization, pp. 72–92; Fritjof Capra, *The Web of Life: A New Scientific Understanding of Living Systems* (New York: Anchor Books Doubleday 1996) , Chapter 7, A new synthesis, pp.157–176.

2　語見《晉書・王獻之傳》，亦見 (劉宋・) 劉義慶 (403–444)：《世說新語・方正》：「此郎亦管中窺豹，時見一斑。」

3　已見第二章。

全體！[4] 我們看着一斑，大致上已可以推想出整隻金錢豹的毛皮圖案。

　　動物身上的圖案來自卵子或胚胎上各以億萬計的幾種原始微點的互動和反饋，是動物系統「自發性自我組織」的表現。[5] 它們不但為大自然添上光彩，而且也具有實際的功能：或方便同族辨認；[6] 或博取異性的眷睞；或作為偽裝，將自己融入環境；或恫嚇仇敵，不容輕易侵犯。

　　我們並不打算討論形成這些圖案的數理細節，但自發性自我組織卻是複雜性的重要一環，也是本章的主題。我們也趁機為全書作簡略的回溯和總結。

2. 自我組織

　　化學分子在溶液裏聚合，形成條理分明的結晶；這過程已是自我組織的一例。這種自我組織出現在封閉的孤立系統裏、「熱力學平衡」下的環境：沒有能量的進出；溫度不變。而且混亂的指標：系統的熵值有增無減，系統的秩序因此也有減無增。[7]

2.1. 自發性自我組織

　　理論物理學家戴維斯認為這種在熱力學平衡下出現的自

4　已見第十一章。
5　這是下文第4.2節「形態形成」的一例。亦見How the Leopard Gets Its Spots; How the Zebra Gets Its Stripes：http://classes.yale.edu/fractals/panorama/Biology/Leopard/Leopard.html
6　古人和今天的少數民族也以特別服飾作為「族」的大我認識標誌。
7　見第六章第2, 3節。

我組織太過簡單乏趣，不若遠離平衡的、「自發性自我組織」。[8]他說：[9]

> 自發性自我組織往往出現在遠離平衡、擁有高度反饋的非線性開放系統裏。這些系統絕不希罕，其實是大自然的常例。

我們此後在本章討論的，都是這些遠離平衡的自發性自我組織。它們難用化約論解釋，但卻往往是統攝論的表現，是系統科學家雋語 "1 + 1 = 3" 的實例。

自發性自我組織是在低層次系統互動下的有序湧現，[10]它產生在一個「遠離熱力學平衡」的開放系統，通常接受外界能量的供應，維持自己多方面的平衡，同時它「倒背着時間之箭」：內在秩序有增無減，內部的「熵」值因此有減無增。

2.2. 混沌的邊沿

科學家往往愛將混沌與自發性自我組織並行討論。混沌

8　自發性自我組織 (Spontaneous self-organisation)，見Paul Davies, *The Cosmic Blueprint: Order and Complexity at the Edge of Chaos*, p. 142，亦見 Fritjof Capra, *The Web of Life*, p.87。這詞比較罕用，但清晰明確；比較起來，常用的術語：「自我組織」卻容易引起誤解。大致上自發性自我組織相當於Ilya Prigogine學派的dissipative structure (耗散結構)，和Hermann Haken的的synergetic system。生物學家Francisco Varela, Humberto Maturana學派的autopoietic system (自生系統) 更加上「認知」(cognition) 作為生物形成的要素。

9　"Spontaneous self-organization tends to occur in far-from-equilibrium open non-linear systems with a high degree of feedback. Such systems, far from being unusual, are actually the norm in nature."

10　"Self-organization is a process whereby pattern at the global level emerges solely from interactions among the lower-level components of the system." Scott Camazine, "Self-organizing system." http://web.mac.com/camazine/Camazine/Self-organisation_files/Self-organisation.pdf. 他的"pattern" 一意詞其實不限於狹義的「圖案」，筆者因此譯作「秩序」。

是從可能很簡單的問題裏演變出來、難作預測的複雜後果；
而自發性自我組織卻是從複雜（可能充滿混沌現象）的環境裏
冒現出來的簡潔秩序。

我們可以想像一個遠離平衡、可能充滿混沌的環境。這
環境往往容許「分歧」的出現。[11] 其中一支可能從當初微細
的改變開始，在受到反饋不斷強化之下，持續、擴大自身的
秩序、成為具有自主能力的宏觀自我組織。所以學者常說：
自發性自我組織出現在「混沌的邊緣」。[12]

3. 物理世界的自發性自我組織

一個在物理世界經常出現的自發性自我組織是漩渦：流
體向下作螺旋狀的規則流動。

流體受萬有引力作用，向下（朝着地心）流動，相擠；微
細的不平衡獲得強化，產生整體的螺旋形狀，整個流體表面
同時顯出空凹。漩渦本身的大小、形狀和持續性的決定由於
鄰近物質和能量的供應。

另外一個常見的自發性自我組織現象是對流。[13] 我們且試
將載有液體的平底淺圓鍋在火灶上加熱。接觸到鍋底的液體受
熱膨脹，比重降低，因而上升，與表面較冷的液體對換。這對
流現象是鍋底傳上來的熱量所引起的自發性自我組織。

仔細的加熱實驗可以使整鍋的液體形成一套排列緊湊的
六角柱狀「巢室」結構。[14] 底層的熱液體比重較低，循着每
柱的中軸向上浮升；表面比重較高的冷液體同時在柱側沉

11 已見第十一章第3.2節。
12 The edge of chaos.
13 Convection.
14 叫做「細胞」(cell)。

降。對流的「負反饋」作用維持每柱的六角形結構。這自發性自我組織現象叫做「貝納的不平衡」。[15] 這不平衡現象也是地球大氣對流的縮影：在太陽光的照射下，地面變熱，傳熱給大氣的低層；熱氣與大氣高層的冷氣對換，同樣產生對流。

物理世界裏有許多、許多自發性自我組織。例如：[16]

剛才講過的，流體組成的漩渦，相類的現象包括走向難以預測的颶風和龍捲風。

地球上大氣的對流。

疾風吹過沙漠上空時，沙粒排列成為擁有宏觀條紋的沙丘。

氣候風化、河流侵蝕下的大地表面。

行星、恆星、星系結構的形成。

我們整個宇宙的宏轟冒現。[17]

戴維斯指出：[18] 萬有引力無遠不屆，是許多自發性自我組織的原動力。[19] 在萬有引力影響之下，宇宙不可能維持質量的均勻分佈；因為一組均勻分佈的質點是一個不穩定的系統；每兩個質點都自然地以萬有引力互相吸引、傾向於均衡的破壞；量子力學更指出輕微破綻必然自動出現，引起自發性的自我組織現象，例如上述的行星、恆星、星系的形成和整個宇宙的歷史演化。

---

15 Bénard instability. 研究這現象的貝納 (Henri Bénard, 1874–1939) 是法國物理學家。鍋的設計也影響細胞的形狀和對流的細節方式。

16 大致取材自 Wikipedia, "Self-organization" 條，2014年7月21日，22:58。第3.1節："Self-organization in physics."

17 見第二章。

18 Paul Davies, *The Cosmic Blueprint: Order and Complexity at the Edge of Chaos*, (London: Penguin Books 1989) , pp. 133–137.

19 見第二章第2, 4.3, 4.6, 6.2節，第十章第1–3節，

順便一提：通常的自發性自我組織需要汲取外間能量，來維持自己的開放系統。但恆星本身卻藉着內部的核反應製造輻射能，對抗萬有引力下的收縮，維持星體本身的球狀，同時釋放多餘的能量到體外空間。

4. 生物的自發性自我組織

混沌生出複雜性，複雜性生出生命。

——葛瑞賓[20]

生命遍佈地球表層，是奇妙的自然現象。科學家至今仍找不到地球外生命存在的證據。我們的討論因此只能限於地球。在地球上有許多、許多擁有生命的個體，包括所有生物，和在複製自己過程中的濾過性病毒。[21]生命的湧現、延續和共存都是在開放系統裏自發性自我組織的表現。

4.1. 結構的層次

生物學家麥遂從演化的角度，和個體「聚合」的狀態，寫出大致上以「界」來劃分的、生物結構的整齊層次：[22]

第1層：原核細胞生物（最簡單的（單）真核細胞生物）。（細菌界、古細菌界）；

---

20 John Gribbin (1946生)，英國天文學家、科學作家。
21 濾過性病毒在與生物組織接觸時才「活起來」，奪取注宿主的養料，複製自己，往往對宿主做成毒害。見第三章第2.2節。
22 Daniel W. McShea，美國生物學及哲學教授。見Melanie Mitchell, *Complexity, A Guided Tour*, p.110。

第2層：第1層組織個體的聚合，例如所有真核單細胞生物。(原生生物界)；

第3層：第2層組織個體的聚合：所有真核多細胞生物。(真菌界、動物界、植物界)；

第4層：第3層組織個體的聚合，例如昆蟲社會。(社會「界」)。

這4層自我組織形成一個簡單、直線型的套疊系統；每個「父母結」只有一個兒女，有如阿拉伯王公的駱駝宴，和俄國的套疊娃娃。[23]

在今日的生物世界，這四層套疊同時存在。但從演化的角度來看，複雜生物肯定來自簡單生物；太古時代在地球上最先出現的生物必然是最簡單的第1層，而且它們在獲得生命之前，可能早已經歷過多層湧現的自發性自我組織了。

23億年前，第1層的個體組合起來，湧現了第2層的 (單)真核細胞生物。[24] 從後者又湧現了第3層：多真核細胞生物。[25] 第4層是第3層多真核細胞生物群體的自動組合。跨物種界限的共生現象難以歸類，也許勉強可以放進這一層。[26]

摩柔維茨的書，《所有事物的湧現》相當詳細地素描了宇宙、生物 (尤其是動物) 總共28層的變化，作為規則性的逐步湧現。[27]

23　見第四章楔子。
24　見第三章楔子。
25　我們在這裏可能忽略了多個原核細胞不經過真核細胞層次的直接組合。
26　例如互利共生的地衣。見第三章第5節。
27　見第一章附錄A.2。

4.2. 從功能的角度看生物個體

每隻生物個體都是一間自動的工廠：它汲取外界的能量、養料，維持自己的組織，排出廢料。神奇的是，一種生物排出的廢料往往也是另一種生物需要吸收的養料，在這養料／廢料循環的反饋運行中所消耗的往往只是能量而已。[28]

這能量主要來自太陽，但海底地殼裂痕上的「煙囪」從地底噴出太古地球形成時早已積聚的含礦物質熱水，將能量和養料供應給消化礦物質的古細菌，而間接養活鄰近的生態。[29]

每一隻生物個體都是多方面、多層次的自發性自我組織。例如：[30]

形態形成：[31] 生物從出生到成長，尤其是在早期的胚胎階段，按照齊整的「模式」，[32] 形成複雜有序的個體；例如斑馬，金錢豹身上的斑紋；[33] 高等動物左右對稱的架構、中間貫通的進食、消化、排遺系統、多節靈活連接的脊骨；人類的四肢、五官(眼、耳、口、舌、鼻)、五臟(心、肝、脾、肺、腎)。

體內平衡：[34] 每個系統 (從每單個細胞到整個多細胞生物) 與環境 (和環境改變) 的相互反饋，自動維持自己的健康 (平衡) 狀態。體內平衡是「活」生物個體的重要特徵。例如健康的熱血動物能夠自動調整新陳代謝，維持身體的溫度大致不變。

---

28 見第三章第6節。

29 見第一章第6節。現在生存的「古細菌」有獨特的細胞膜結構，可能是太古時已生存的細菌的、經歷較少演變的後代。

30 見Wikipedia, "Self-organization" 條，2014年7月21日，22:58。第3.4節："Self-organization in biology."

31 Morphogenesis.

32 Pattern.

33 已見本章楔子。

34 Homeostasis. 見Wikipedia, "Homeostasis" 條，2014年9月28日，15:55。

生命歷程：[35] 包括生物個體、物種、生態與人類組織的生命歷程。

動物功能系統的運作：廣義的新陳代謝，包括動物器官（例如腦子、腎臟）和操作系統（例如消化系統、神經系統）的成長和運作。

生命本身的起源和RNA, DNA的出現：細節雖未有公論，但必然是自發性自我組織的表現。

生殖後代：後代或直接由母體產生（無性生殖），或由父、母在合作下產生（有性生殖）。兩種方式都延續物種，而且完全避免了重複太古期的「生命起源」、可能已不復存在的機制。

上章指出混沌現象軟化了硬性決定論。我們可以了解：外界對自發性自我組織的控制畢竟有限；相信高等動物和它們組成的群體因此擁有發揮自由意志的空間。[36]

5. 生物群體的自我組織

在上面第4.1節，生物學家麥遂已經從演化的角度，描出4層的「聚合」套疊現象。其實單細胞生物個體往往已經聚合一起生活，但它們的聚合可能只是由於偶遇。植物和多細胞真菌更根本沒有選擇居所的自由。在動物界，許多昆蟲（例如螞蟻、白蟻和蜜蜂）組成複雜、分工合作的社會，但成員的有效操作往往靠蟲后放出的芳香氣體化合物來維持。[37]

---

35 見第十章第6.3節。
36 見第十一章第5節。
37 叫做信息素（pheromone, 或譯費納蒙、外激素）。

5.1. 自發性的生物群體：親、幫和領袖

高等動物卻往往自願地選擇群體生活，值得我們在這裏略作探討。

它們運用發達的器官和肢體，作出自發的「志向行為」。[38] 筆者講過：雖然我們不能證明自由意志的存在，志向行為已是自由意志的普遍實例了。這些動物可以決定自己將來的走向，而且往往自願地作出決定，影響自己、甚至整個群體的未來。

業餘人類學家庫安指出，從「自我」出發，人類社會可以說是一系列的同心圓環（忠誠圈），包括親、幫、族、國、全人類。[39] 這圓環系列的一部分：親、幫、族也適用於「高等動物」、例如脊椎動物、的世界，代表「大我」概念在生物界可能隨着演化的逐步提升。

鳥類孵卵、餵雛；哺乳類動物讓兒女吸奶。這些行為都是「親」情的表現，同時有形無形的反饋、或多或少，鞏固了「親」情。吸血蝙蝠將食物餵給未喫飽的同穴伙伴，是互相認識的「幫」友間的眷顧，肯定強化了「幫」交。[40] 幫的成員互相認識，一起生活；在動物界這些條件通常已限制了幫的大小。

在高等生物，尤其是哺乳類（例如猩猩）的「幫」裏往往有公認的領袖；它們通常以力服眾，統治全幫，更贏得與雌性成員交配、生殖後代的權利。但年青的成員終於以挑戰角鬥方式取代年老體衰的領袖，直至它自己年老體衰，又被推翻為止。

---

38 志向行為已見第七章第4節。
39 見第九章第2節。
40 見第九章楔子。

5.2. 個體自由的自動約束

更高一層的「大我」是未必相識的同類：「族」。族的成員眾多；每一生物個體一生往往只接觸到其中一小部分：「同族群」。[41]它們在高等動物界往往藉着顯著、足以相認的標誌(例如本章楔子所講的豹斑)，聚在一起，但未必彼此當真認識。同族群的大小可以有很大的差異，但往往可以遠大於幫。一個有趣的謎是：在魚群裏每一條魚可以看得見同族群成員的相似性，但沒法看見自己；它怎能知道自己是同族魚群的成員呢？

另一個令人尋味的現象是，在許多高等動物裏，成員互相認識的「幫」的作用往往比不上成員未必相識的同族群。一個同族群也未必來自多個「幫」的自願合併；它往往只是偶然相遇、一起生活的同族動物。有趣的是：整個同族群的成員往往自發地一致行動；這「集體動物行為」是常見的現象。[42]它們陣容的壯闊、排列的整齊、操作的同步，往往使我們人類自嘆不如。同族群的每個成員肯定都「犧牲(部分)小我，完成大我」：自動接受群體心照不宣的約束，也因而享受群體供應的利益。常見的例子包括飛蝗群、魚群、鳥群、羊群、斑馬群、和美國西北平原的野牛群。[43]

5.3. 魚群成員遵守的簡單規律[44]

大約75%的魚類選擇群體生活；其中1/3(總數的25%)選

---

41 Herd. 見Wikipedia, "Herd" 條，2014年10月3日，02:00。

42 Collective animal behavior.

43 許多昆蟲、例如蟻、白蟻和蜜蜂的群體裏，社會秩序要靠「王后」釋放的芳香氣體：信息素(pheromone，費洛蒙)來維持，不在本文討論的範圍。

44 請看Wikipedia, "Shoaling and Schooling" 條，2014年9月22日，04:30。

擇成群聚居，但不作出顯著的一致行為；2/3 (總數的50%) 卻加入同步游泳的流動魚群。

且以流動魚群為例。[45]成員自動加入大致同一年齡、同一大小、可能有一萬或更多同族的行列，形成浩浩蕩蕩、一齊游泳、同步轉向的魚群。北大西洋的巨型鯡魚群可以有30億尾，佔容量4.8立方公里。整個魚群看來好像一條巨魚，也許因此使一些凶殘仇敵見而却步；這可能是加入魚群的最大益處。其他的可能益處包括成員取得的安全感；覓食、覓偶可能的便利；和在同步下增進的游泳效率。

有些魚，例如大海的鮪魚，[46] 終生不離自己的游動魚群。但大多數成群的魚類只在日間成群游動，在夜間便散開，顯示這些魚類的同步游泳要倚賴眼睛的觀察。

我們不知道每一條魚怎樣獲得「合群」的本能，或怎樣知道一致行動可能的益處。但學者已把握到它在魚群裏行動的關鍵細節。有些幼魚可能預先作多天的小組操練，然後入群。

複雜性學家費希爾指出，這合群互動的現象並不需要任何中央的指揮或統籌。[47]美國動畫家雷諾 (Craig Reynolds) 模擬在三維空間群飛的雀鳥，寫出三條簡單規律，已成為電子遊戲企業的典範：

1. 分離：避免擠迫鄰近的同伴 (鄰伴)(separation: steer to avoid crowding local flockmates)。

---

45 同向游泳的魚群從前叫做流動魚群 (school)，沒有一致行動的魚群叫做聚居魚群 (shoal)。近年兩者的英文定義已漸趨模糊。
46 Tuna，亦名金槍魚。.
47 Len Fisher, *The Perfect Swarm: The Science of Complexity in Everyday Life* (New York: Basic Books 2011) , pp. 12–13, 26–27.

2. 列隊：向鄰伴的平均方向行動 (alignment: steer towards the average heading of local flockmates)

3. 內聚：向鄰伴的平均位置（重心）行動 (cohesion: steer to move toward the average position (center of mass) of local flockmates)。

筆者認為「平均」作為電算機摸擬的手段，固然輕而易舉，但生物群體成員要做同樣工作卻相信很困難。幸虧現在已有不少更適宜局部感受，但同樣有效的規律，例如：[48]

1. 與鄰近的同伴 (鄰伴) 同向行動 (Move in the same direction as your neighbour)。

2. 貼近鄰伴 (Remain close to your neighbours)。

3. 避免碰撞鄰伴 (Avoid collisions with your neighbours)。

在2001年的一篇碩士論文，M. Charnel更指出第1條規律可以取消，而且「鄰伴」只須限於最近的一條。[49]

遇到敵人或障礙時，整群立刻轉向。這只可能是位在前端的少數幾條魚採取的策略。每條魚只能追隨在自己前面游泳的一兩個成員，往往沒法全部互相認識。領隊通常不可能認識全群的成員，更不可能是從全群中「選拔」出來的精英。

一個理論是：魚群中一小部分自信有能力的魚，自願地

---

48 Wikipedia, Shoaling and Schooling" 條，2014年9月22日，04:30，第10.1節："Mathematical models."

49 Moshi Charnell, M. Sc. Thesis University of Northern British Columbia, 2001: *Individual Modelling of Ecological Systems and Social Aggregations* (Victoria, Canada, University of Victoria, 2008).

游到前方，擔負起領群的重任；也許它懂得怎樣尋找食物，也許它只是特別飢餓而已。魚群的領隊可以領導全群，但從能量的眼光來看，領隊是吃虧的；它要消耗較多能量，才可以維持一個「低壓」環境，讓後面的同類享受低消耗、高效率的同步游泳。

但在游泳的魚群裏領隊總會出現。它若退下、或被吞噬，旁邊的一條魚，完全沒有機會經歷甄拔的考驗，相信便當仁不讓、立即負起領隊的重任。其他流動同族群，特別是飛鳥群，相信也大致與魚群一樣。

總而言之，許許多多高等動物同族群的壯闊行動，包括危急時的應變措施，往往根本不靠一個統籌全局的領袖，或任何全面性的共識或機制。領隊自願地犧牲能量，達到率領全群的目的，追隨領隊的每一個成員只需要自動遵守簡單、局部、藉着反饋來維持的行動規律。

6. 人類和人類社會

6.1. 人類的生理特色

中文的「人」字已表出：雙腳直立是人的主要特徵。在幾千萬年的演化過程中，人類祖先的直立傾向推動了多方面的演化，已經達到「君臨全球」的局面。

頭部

現代人的頭和短頸穩植在垂直的骨骼上、身體最高的位置，不需要長頸，有異於許多其他陸地兩足動物：例如鴕鳥的長頸固然增加了體高，但身體的主要骨骼卻是橫向的，不

能直接支撐頭部。因此鴕鳥雖然身高，只有一個輕小的頭。人類雖然沒有鴕鳥的長頸，但已經可以：

高瞻遠矚，在草原上預早發現附近的獵物和猛獸，發展相應對策；

遠離熱帶太陽從地面反射的熾熱，保護大腦。在古人類起源地的非洲，這特點尤其重要。

發展特別複雜的大腦，可以指揮全身的行動，作複雜思考，設計未來的行止，遠遠超過其他動物的志向行為。

人類的大腦重約1.4公斤，在陸地的高等動物中是最大的。同屬靈長類的猿猴腦重不到0.2公斤。袋鼠與人類同屬直立短頸動物，但大腦只有0.06公斤。在大海生活的海豚，大腦比人大，有1.7公斤；但它的體重幾乎是人的3倍；腦重與體重之比只有0.01，只有人類同一比例的一半 (0.02)。

雙手與工具

直立的人類騰出來的雙手，可以在走動時繼續操作。例如抱着嬰兒奔跑避難。四腳的獅子卻要咬着幼獅走路。

樹棲、半直立的靈長類猿猴用腦子操縱靈活的兩手，在生物界中早已嶄露頭角。人類也屬於靈長類，拇指與食指更能合作拈物；這「對抗性大拇指」在一部分靈長類中其實已經存在。[50]

人類祖先從「能人」開始，[51] 靈敏的雙手與高度發展的

50　見Wikipedia, "Thumb" 條，2014年9月30日，22:13。
51　*Homo babilis*，2.33至1.4百萬年前後來活在非洲，發展了雛型的石器工具。相信他們用工具幫助肉食，減輕了消化系統的負擔，同時發展了覓食需要的大腦。學者通常認為他們打不過猛獸，但利用聰明才智來

大腦互相配合，如虎添翼，在這基礎上發展了工具 (當初只是粗糙的石器和不能久存的木棍)，應付草原上肉食生活的需要。[52] 約一百萬年前，直立人馴服了火，約7萬1千年前，居住在非洲南端的智人相信已發明了弓箭。[53] 這偉大的發明其實可以說是懦夫的恩物：讓他可以躲在安全地帶發揮殺傷力。但懦夫因此在演化中取得了生存接代的優先。

6.2. 人類社會的5層忠誠

我們且回到第3.2節，庫安所提出的5層忠誠：一系列的「大我」，從「己」出發，到：

「親」：家庭的成員；

「幫」：成員互相認識；

「族」：成員未必互相認識，但仍可以辨別；

「國」：成員擁有公認的國籍法律地位；抽象的「國」也

　　　　成為「大我」：忠誠的對象。

「人」：全人類。

超越「幫、族」的界限

在高等動物界，除了人類之外，「大我」概念只限於「親、幫、族」。「親」大致上是對父母、兄弟、姊妹、兒女等自己一「家」的成員；「幫」是互相認識的一群；而且我們看到「幫」往往有領袖，和領袖更替的傳統。

盜食猛獸飽餐後留下的殘餘。

52　見Wikipedia, "Human" 條，2014年10月6日，03:48。

53　見美國紐約時報記者John Noble Wilford 載在Nature雜誌，2012年11月12日的報導；見 http://www.nytimes.com/2012/11/13/science/evidence-of-persistent-modern-human-behavior-in-africa.html.

「族」是外表認得出的同類。但上面講過，同「族」的一群，彼此互不相識，竟然團結起來，不用統籌一切的領袖，成為魚群、鳥群、甚至在恐懼中拚命衝落懸崖的美國野牛群；[54] 這是科學家仍然未能充份解釋的奇象。

抽象思維

高等動物能作志向行為，[55] 例如小雞啄米：它觀察環境，想出利用環境的計劃、施行計劃、取得成果、滿足自己。記憶更因而使它對將來相類情形加強了信心。筆者講過，志向行為相信已是自由意志發揮的實例。相信這些高等動物已經擁有相當程度的抽象思維，能夠想像還未存在的將來環境，和自己可能擔當的角色。

語言

人類合作，建設文化，最主要的因素相信是語言。許多高等動物利用聲音互相溝通，但它們的「詞彙」往往只限於幾個噪耳的聲音。在陸上動物中，只有人類可以用語言來表達複雜、可能抽象的概念。[56] 複雜語言相信出現在5萬到10萬年前，是與人類文化的發展一齊演化出來的、無形的工具。

在「量」方面，語言的發明和普及，將人際直接溝通的能力增長了好幾倍；間接溝通的能力更以指數方式逐層增長。[57]

---

54 這可以說是正反饋將恐懼強化到不可收拾的地步。

55 已見第七章第4.3節。

56 甚至人類的語言本身也有複雜的文法規則。海豚和鯨魚都有複雜的語言，科學家迄今尚未能破解。

57 在資訊理論裏以「扇出係數」(fan-out) 表示。假如資訊的傳播是「一傳十、十傳百」，傳播的扇出係數便是10。語言不靠科學的幫助，最高扇出係數已經不止100 (例如在演說)，在電信時代更可遍及全人類。

在「質」方面：語言促進了抽象思維、行政、法治制度的建立和施行。

在語言出現之前，這些進步是無法想像的。

雖然我們是生物的一員，我們有思考和利用語言溝通的能力；我們至少在理論上不像巨型魚群，不必依附一個沒有顯著優秀領袖的「大我」族群。相反，我們可以通過眼睛觀察、耳朵聆聽、語言交談，選擇領導自己的人才作為領袖。語言可以讓領袖解釋自己，宣傳政綱，更配合抽象思維，放眼將來，作有系統的社會計劃。

人類利用語言教育下一代；教育更超越了緩慢、缺乏方向的生理演化。[58] 語言當初只限於口語和手勢，不能持久。但幾千年前我們的祖先更發展了文字、紙張、筆墨、打破了時間的限制。我們現在仍然可以閱讀2、3千年前的文章和詩歌。

語言的出現是人類文化歷史的一個劃時代里程碑。複雜語言與抽象思維都是無形的工具、相信它們與有形的工具互相配合，在初民社會共同演化，互為因果，而初民的大腦因此也隨着複雜化，應付改進下的操作環境。

大腦比我們大的海豚和鯨類有複雜的語言，懂得成群狩獵，但它們沒有我們能夠認識的文化：它們的四肢已經退化，沒有兩手來製造、利用工具，在汪洋大海裏更完全無法用火。因此海豚和鯨類雖然擁有語言，它們的文化是有一定的限度的。

社會與文化

人類的「大我」在庫安的「親」、「幫」、「族」之間

---

58 已見第三章第8節。

已有文化的介入。人類很早便學會改造環境。人類群策群
力，在1萬多年前開始發展

> 春耕、秋收的農業、
> 馴養家禽、牛羊的畜牧業；
> 「互通有無」的商業和作為商業媒介的貨幣；
> 提高「衣、食、住、行」生活的水平的工業；
> 集中人口、分工合作、從小到大的種種社團組織。

中國考古學家蘇秉琦說，中國文化的發展，大致上循着
「古文化、古城、古國」的次序。[59]筆者相信這次序大致上也
適用於外國文化。以兩河流域與古希臘為例，「城」是未必
有城牆的的「城邦」。從城邦到國家的演變主要來自武力的
兼併和文化、科技、宗教的傳播。國家主權的維持有賴法律
和行政的制度。

時勢、英雄與家天下制度

在人類歷史裏有許多例子，族群裏「時勢造英雄」，英
雄脫穎而出，改變時勢，成為公認的領袖：或拯生民於危難
水火，或東征西討、擴張領域。[60]領袖往往創立「家天下」的
王朝統治制度；古人往往也認為英雄的子孫具有祖先遺傳下
來的超卓能力，願意接受他們的統治。

歷史上，王朝往往隨着時間僵化，讓新一代的英雄領袖
推翻「喪失了天命」的舊王朝。人民現在已有充分的智慧，

59　蘇秉琦：《中國文化起源新探》（香港：商務印書館，1997）。
60　見第三章第7節。這裏的英雄可以是能征慣戰的勇將，也可以是驅鬼通
　　神的祭司。

除了少數的例外，不再接受古代「家天下」的幼稚意識，而且懂得運用判斷力，用語言、文字溝通，傳播訊息，建立民主的政治制度。但「我們」、「他們」之分，仍然影響我們自己的決斷。[61]

今天的人類文化

今天的人類利用語言、文字、交通，互相認識，已大大擴展了「幫」的領域。溝通的頻繁、利益的分享、也正在直接、間接地影響了「族」、甚至「國」的定義。跨國企業、國際集團、電子媒介的訊息傳播也使我們更接近「全人類」。整套五層「大我」都在縮小，愈來愈接近中央的「己」。

人類仰觀宇宙之大，俯察品類之盛，[62]產生了對「美」的尋求，對科學的探討、對人生的反思、對宗教的嚮往。這些發明、創作、質疑、摸索的工作也加大、複雜了人類的大腦。在今天複雜的社會，「行行出狀元」，被人欽羨的英雄更有許多類別，已絕不限於政治領袖了。人類的自發性自我生理組織與社會結構互為因果，同步演進，建樹了征服世界、君臨萬物的條件。

人群的一致行動現象

人通過語言、與社會文化結合，已與其他動物的同族群有很大的不同。但我們仍可以看到同族群一致行動的影子：密集人群在驚慌時爭先恐後，互相踐踏；股票市場受謠言影響，爭相拋售或湧購；群眾甚至在陰險、輕信或無知領袖煽動

61　見第八章楔子和第3節。
62　（東晉）王羲之（303–361）《蘭亭集序》。

下可以舉國若狂、盲動施暴，妄顧後果。[63] 我們應該盡量運用良知，將明智的判斷作自己的指南，但當局者迷，談何容易！

7. 跨物種的共同演化與體內平衡

7.1. 共生

共生是由不同的生物個體組成的合作自我組織。緊密的共生體，例如菌類和藻類合成的地衣，建立了跨物種的個體，可以說破壞了演化樹的齊整套疊。明眼的讀者也會看出：20億年前，不同的原始生物進行了體內共生，緊密分工合作，產生了真核細胞作為進一層的自我組織。這是所有高等生物的起源，也正是本章第4.1節，麥遂教授講起的第2層生物結構。

較為鬆懈的互利共生在生物界以多種形式出現，也是自發性自我組織的好例子。最有趣的是白蟻肚裏的原生生物、幫助白蟻消化木材的纖維素。[64] 近年科學家更發現：人體與多種細菌的互惠共生其實是非常普遍的現象。[65]

7.2. 共同演化

地球上的生態都在共同演化。[66] 共同演化使物種互相影響，用反饋的形式共存；它不限於狹義的互惠，也牽涉到相互的爭鬥。但即使弱肉強食，淘汰掉不適生存的個體；軍備競賽，使各物種力爭上游，結果都產生更能適應的物種群。

63　見第八章第4節。
64　見第三章第5.3節。
65　見第三章第5.4節。
66　共同演化見第三章第5節。

共同演化肯定是整個自發性自我組織的生態演化原動力。體內平衡一詞本來用於生物個體和內部組織，但也適用於整個共同演化的生態。最廣義的可見生態環境是整個地球。

7.3. 地球今天面對的大挑戰

高度的生物自我組織利用自由意志，建立多層次的「大我」。人類更在這些基礎上建立絢爛的文化。但今天我們的物質文化卻引起了我們必須面對的、地球平衡的新危機。自詡為萬物之靈的人類，不住擴充自己的生存空間，同時壓縮了其他生物的生存空間，破壞了地球多方面的平衡。[67]

約一萬年前，人類發展了農業畜牧，開始焚燒、斬伐森林，更基本改變了土地的生態；而且農地不住擴張。在1750年左右，人類開始工業革命，人口激增，加速了居地的擴張，人類以外生態的萎縮，物種的滅絕。機器所用的燃料、取自「不可循環」的化石資源 (煤、石油、天然氣)，所產生的廢氣、開始破壞了大氣的平衡。人類發明了「氮的固定」，當初用來製造軍用炸藥，兩次大戰後大量生產肥料，引起農業的工業化，支持飛躍增長的人口。

2010年，城市人口超越了鄉村人口。1950–2010年，全球人口增加了一倍多，達到70億。全球經濟更有十倍的增長。水的使用和河水的堤壩工程增長了6倍。70%全球的淡水現在用在農業灌溉 (在中國和印度：90%)。肥田料的使用增長了5倍。

這些數據直接、間接對整個地球有重要的影響。例如：

---

67 見Wikipedia, "Global change" 條，2014年9月20日，00:00，第3節："Physical evidence for global change"。

30%的熱帶雨林已經消失。一個估計是，現在可能每年有140,000物種從地球上永遠消失。[68]

最令人頭痛的是，碳酸氣、甲烷、一氧化二氮等溫室氣體在大氣累積難散，引起全球增溫，超過生物物種演化所能應變的速度。[69]這情況顯見於兩極「冰被」逐年的顯著萎縮。格陵蘭大島冬天平均2,135米厚的「冰被」在2012年出現97%的萎縮，引起學者的特別關注。[70]印度洋島國馬爾代夫的前總統拿歇德當年聲稱如全球增溫繼續現有傾向，國家在7年內便會陸沉。[71]

科學家大聲疾呼，企圖挽救這日益加深的危機。世界各國當權者企圖保護本國的工業，不願自動減低廢氣的排出量。二十億年前成型的體內共生、寒武紀爆炸性的共同演化、看來都沒法應付這一次人為的危機。

其實過去曾經有過成功的跨國氣候控制例子。在1970年代，科學家發現兩極上空的臭氧層出現了大洞，讓有害人體的短波紫外光通過。主要原因是當時冷氣機所用的冷卻劑：含有氟、氯、溴、碘元素的鹵代烷烴。[72] 1987年聯合國通過了蒙特利爾議定書，[73]後經多次修訂。限制這些氣體的生

68　見Wikipedia, "Holocene extinction" 條，2014年10月9日，12:33。
69　照估計在20年內，每克的甲烷分子反射陽光熱的能力 (global warming potential, GWP) 是碳酸氣的72倍、；一氧化二氮：289倍。見Wikipedia, "Greenhouse gas" 條，2014年10月3日，17:48，第2.4節，"Global warming potential"。
70　冰被 (Ice cover). 見Wikipedia, "Greenland ice sheet" 條，2014年10月4日，08:35，第2節："The melting icesheet"。
71　Mohamed Nasheed: "If carbon emissions continue at the rate they are climbing today, my country will be underwater in seven years."
72　氟 (Fluorine)，氯 (chlorine)，溴 (bromine)，碘 (iodine)，鹵代烷烴 (haloalkanes).
73　The Montreal Protocol.

產，希望到2050年，臭氧層大洞將會完全修補。現今臭氧層大洞已有萎縮的徵象，蒙特利爾議定書在2000年代也被譽為迄今最成功的國際環境協議。

但全球增溫是一個更嚴重、更棘手的國際問題。我們希望在不久的將來，這趨勢會被拖慢、中止、然後扭轉。所謂「解鈴還須繫鈴人」，只有我們人類通過學習、教育、一致合作，才可以拯救地球。地球是頑強的，她會度過這一度難關，繼續下去，但我們若不「痛改前非」，主要受害者不但會是日漸萎縮的冰塊上孤立的北極熊，也可能是我們自己，和我們先祖傳下的文化。

8. 結語

本書從系統科學和湧現特性出發，討論大自然和人類文化的要點和趨勢。本書後三章也介紹了混沌、分形和自發性自我組織，作為今天複雜性理論的支柱。本章的討論不但是複雜性理論的一個總結，對全書章節也作了簡略的回溯。

全書雖然牽涉廣闊，但其實也只是初步的探討，讓讀者在大自然、人類文化的領域裏，能夠有如本章楔子所説，「窺豹一斑」罷了。但窺到一斑，總勝於完全看不見；請讀者在這基礎上建立自己心目中的「全豹」罷。

中外文索引

1. 本索引按字母排列；在每字母標題下先列外文項目，繼以依拼音次序之漢語項目。每漢語項目首字附帶漢語拼音，以便辨認。
2. 外文項目通常帶有對應之漢語翻譯。